令和新時代の金融知識

― 就活学生と新社会人のために ―

加納正二 著

三恵社

はじめに

本書の目的は、就活をひかえた大学生や新社会人が身につけておいて欲しい金融知識を解説することにある。

筆者は現在、地方の大学で「金融論」の講義を担当している。標準的な金融論の教科書には出てこないような話も就活を目前にした学生には話しておきたいように思うことがしばしばある。

また金融機関への就職を目指す学生は、経済学部出身者ばかりではない。本書では、大学で経済を専門に学修した学生以外にも金融機関の就職活動に自信をもって臨むことができるようにすることを心がけた。

そのような現場の講義のニーズから本書は生まれたため、いわゆる一般的な「金融論」のテキストと異なる構成になっている。

主な金融業は、銀行、証券、保険の 3 つに分けられる。これらの業界や一般企業の財務部門を希望する学生のために必要な知見を紹介することを意識した。

またコロナ対策融資、脱ノルマ、独禁法の適用除外になる地方銀行の再編、なでしこ銘柄、フィンテック、バーゼルⅢ、ＩＦＲＳ、企業買収などホットなテーマも盛り込んだつもりである。

本書の構成は以下のとおりである。第Ⅰ部は金融の基礎知識、第Ⅱ部は金融の歴史についての概論である。第Ⅲ部は銀行業、第Ⅳ部は企業の財務部門あるいは証券業、第Ⅴ部は保険業を志望する学生を意識して業界に必要と思われる知識を述べた。

コロナ時代で学生とのゼミはオンライン、講義は録画で配信するという今まで経験したことのない授業を行っている。

本書が金融の仕事をめざす若い人たちの参考になれば幸いである。

2020年の夏　コロナの終息を祈りながら

自宅茶梅庵（さばいあん）にて　　加納正二

目次

第Ⅰ部

金融の基礎

第１章　金融の基礎

１．貨幣

貨幣には次の３つの機能がある。自給自足経済から交換経済へ移行するにあたり、貨幣が必要になってくる。山で暮らす人々と海辺で暮らす人々が獣の肉と魚の肉を交換する際、常に現物をみせて交換するのではなく、貨幣を交換の手段（①）とするようになる。

獣の肉も魚肉も長く保管することは不可能で価値を貯蔵（②）しようとするであろう。また、その交換比率（③）を決めておきたくなるだろう。

①交換手段

貨幣はあらゆる財・サービスとの交換が可能である。また金融機関からの債務返済等にも貨幣は使用できる。あらゆる分野で貨幣は交換手段でなければいけない。

したがって特定の商店のみで使える商品券とか、特定の商品のみ購入できる商品券（ビール券など）は貨幣ではない。

②価値貯蔵手段

価値が時間とともに目減りしないことが貨幣にとって重要だ。食べ物を物々交換していては、腐敗により価値が低下する。

③価値尺度

貨幣により財・サービスは価格が示され、価値尺度が示される。これにより物々交換では不明確だった交換比率が明示され、価値に物差しが入り、計算単位の機能が加わることになる。

貨幣は当初は金、銀など貴金属を用いた商品貨幣であったが、現在は貨幣発行者の信用システムで構築された信用貨幣が用いられている。

法的に通用力を与えられた貨幣を法貨というが、法貨は日本銀行が発行する紙幣である日本銀行券と政府が発行する硬貨がある。なお、日本の中央銀行である日本銀行は、政府の一機関ではなく、日本銀行法にもとづき、独立性の確保が図られている。

2．金融とは何か

金融とは、資金を貸し手（黒字主体、資金余剰主体）から借り手（赤字主体、資金不足主体）へ融通することである。金融取引の特徴として、金融取引開始時と取引完了時（返済）までの期間が非常に長いということがある。

コンビニで500円払って弁当を買うという取引の場合、（特に食べ物に異物があったなどの問題がなければ）その場で取引終了である。しかし設備資金の借入や住宅ローンなどは非常に長い期間かかる。そのため不確実性が存在する。

こうした金融取引の特徴から、情報の非対称性という問題が重要になってくる。

経済学では市場メカニズムに基づく完全競争市場を下記のような条件をすべて満たすときとしている。

① 多数の買い手と多数の売り手

② 同質的な生産物

③ 自由な参入、自由な退出

④ 生産資源の自由な移動

⑤ 完全な情報

ところが、上記⑤は必ずしも満たされていない。一般に財を購入する際、売り手と買い手では売り手のほうが商品知識は豊富である。現実に買い物をする際には、買い手は事前に広告や当該商品を使用したことのある知人から情報を収集したり、店員に尋ねたりして商品知識を得るであろう。
　商品情報は売り手にはあるが、買い手にはない、すなわち情報が偏在しているということである。これを情報の非対称性という。
　情報の非対称性の有名な例としてアメリカの中古車市場がある。アメリカの中古車市場に存在する情報の非対称性の研究でアカロフはノーベル賞を受賞している。
　中古車は見た目では実際のエンジンの具合などが良好なのかどうかわからない。米国では具合が悪い中古車は「レモン」、良いものを「ピーチ」と俗に言われている。
　世代によっても感じ方は異なるので一概に言えないが、「レモン」という言葉から、爽やか、新鮮など良いイメージを持つ日本人も多いかと思うので、この表現は日本では馴染みにくいかもしれない。
　中古車市場にピーチとレモンが混在し、真実の品質がわからないまま価格設定がされていると、売りたい人と買いたい人の希望価格をマッチさせることができない。つまり中古車市場自体が成立しないことになる。
　こうした状況を情報の非対称性があるという。では、そうすれば情報の非対称性をなくすことができるのであろうか。車の品質を明示することだ。車検の制度を設け、どの車も定期的に点検を受けなければならない状況にし、かつ中古車ディーラーが中古車の価値を査定し、消費者に正確な情報を伝えることだ。
　このように業者が仲介し、正しい情報を発信することを情報生産という。では、金融の場合の情報の非対称性、情報生産とは具体的にどのようなことであろうか。

3．情報の非対称性

　たとえば企業は設備資金として銀行に１億円の借入を申請したとしよう。しかし銀行にはその設備投資の具体的な内容、採算性などは（企業から説明を受けるまで）全くわからないとする。
　むろん企業のプロジェクトの内容がわからないゆえに銀行は貸出

を拒絶するというわけではない。実務では貸出審査（スクリーニング）を行い貸出の可否および貸出の条件を判断する。

貸出の条件とは貸出金利、担保、保証人などの条件を決めることである。A社とB社、いずれも設備投資で1億円の借入を10年返済の計画でX銀行に申し出たとしよう。

しばしば、学生はA社にもB社にも同一の貸出金利が適用されていると誤解する。この誤解はビジネス経験のない学生にはやむをえない現象なのかもしれない。学生が経験するアルバイトは外食産業や小売業など限られた業界である。銀行でアルバイトをした学生の例は寡聞にして知らない。

牛丼店で並盛の牛丼が定価500円で販売していたとしよう。その際、同一の商品である並盛を注文したA氏には600円を請求するが、B氏は300円支払えばよいという価格設定はおおよそ理解しがたいであろう。

しかし、貸出は貸出額や返済期間が同じ「商品」であったとしても、借り手の質によって販売価格、すなわち貸出金利は変わるのである。これを「不平等」と思う学生もいるようだが、貸出金利は借り手のリスクによって変動する。

レストランでこのようなリスクを考慮する価格設定をすることがないのは、金額が小さいこと、決済までに要する取引期間が短いことがある。

しかるに金融の取引は非常に長い。そのため不確実性が高く、リスクを考慮する必要があるからだ。それだけに、貸出金利は企業にとって、銀行からの信用度を示す一つの指標とも言える数値で簡単には聞くことができる情報ではない。

会社員に本給やボーナスの額を尋ねるのと同じ意味をもつ。大学を出て入社した際の初めての本給（初任給）は、同期入社のメンバーは全て同じだが、翌年には人事考課により本給に差がつき始める。ボーナスも本給に連動するのでやはり差が生じる。

銀行員は企業から財務諸表等、審査に必要な書類を入手し、また企業の担当者からプロジェクトについてヒヤリングし、あるいは、実際にプロジェクトの予定地を訪問するなどして、情報の非対称性を緩和しようとする。この貸出審査を学問的には情報生産という。

日本の銀行と企業の関係は長期継続的であることが多い。貸出は単発で終わるわけではなく、繰り返されることが多い。貸出実行までの事前の情報生産を審査というのに対して貸出実行後の情報生産活動をモニタリングという。

銀行の貸出に使う場合の情報は学問的にはハード情報とソフト情報に 2 分されている。ハードとかソフトとか言うと、コンピュータ用語と勘違いするかもしれないが、コッピュータとは無関係だ。

ハード情報は財務諸表など定量的情報をさし、ソフト情報とは定性的情報をさす。

表 1 は情報の非対称性が緩和されず、そのまま存在している場合、逆選択が発生する例を示す表である。議論を単純化するために財務内容が良好な優良企業とそうではない非優良企業の 2 種類に企業を分類する。

優良企業はリスクが低い。従って本来は低い貸出金利が適用されるべきである。逆に非優良企業はリスクが高く、貸出金利は高く設定されるはずである。ところが（貸出審査をせずに）情報の非対称性が存在するままの状態であれば、適正な貸出金利 1 がわからない。

そこで、両者ともに高い金利でも低い金利でもない中間の貸出金利 2 をつけたとする。優良企業は不満を持ち退出するであろう。これは一企業と一銀行の取引が解消されるだけではなく、優良企業が企画していたプロジェクトも埋没するおそれがある。

表1 逆選択の例

	リスク	貸出金利1	貸出金利2	結果
優良企業	低い	低い	中間	市場から退出
非優良企業	高い	高い	中間	市場に残る

これに対して非優良企業は市場に残るであろう。このことは資源配分の非効率を意味し、好ましい状態ではない。これを逆選択と呼ぶ。企業経営者が銀行に無断で借入金の使途をリスクの高いプロジェクトに変更してしまうようなモラルハザード（倫理の欠如）も情報の非対称性が引き起こす問題である。

4．契約の不完備性

取引の開始時点と終了時点が長いという特徴は不確実性を高め、契約の不完備性という問題も引き起こす。財務内容のよい優良企業がずっと優良企業でいられるとは限らない。この逆もしかりである。

景気には波がある。また感染症・天災など予測不可能なリスクもある。このようなことを事前にすべて考慮した契約を行うのは不可能である。これが契約の不完備性といわれるゆえんである。

ある企業の経営がうまくゆかず借金の返済ができない状態になったとき、一時的に返済を減免する手段も考えられる。しかし、これらのことを契約にもりこむのは困難である。そのため再交渉という手法が当事者間で選択されることもある。

5．金融システム

金融はしばしば血液にたとえられる。血液は人間の体内で循環しなければ意味をなさない。そのためにはシステムが必要である。金融取引を円滑に行うための様々なもの、金融機関、金融市場、金融制度、金融規制など有機的な結合が金融システムである。

6．金融機関

日本の金融機関は次のように分類される。まず民間金融機関か公的金融機関（政府系金融機関）かに、二分される。

さらに民間金融機関は預金取扱金融機関か預金を取り扱わない金融機関に分かれる。

預金を取り扱う金融機関はいわゆる「バンク」の分類に入る。都市銀行、地方銀行、第二地方銀行協会加盟地方銀行、信託銀行などを普通銀行という。

普通銀行とは銀行法にもとづき銀行業務を認められた金融機関であり、都市銀行、地方銀行、第二地方銀行協会加盟地方銀行は、預金、貸出、為替の固有業務を行う。その固有業務に付け加えて、信託業務の兼営を認められているのが信託銀行である。

第二地方銀行協会加盟地方銀行は略して第二地銀と呼ぶこともある。また地方銀行と第二地方銀行をまとめて地域銀行と総称することもある。

預金取扱金融機関には普通銀行以外に協同組織金融機関がある。協同組織金融機関には信用金庫、信用組合、農業協同組合などがある。これらは会員制の金融機関である。

信用金庫、信用組合は中小企業金融専門の金融機関であり、それぞれ組合員について事業規模の制限がある。

農業協同組合は金融業以外にも農産物の販売、肥料・農機具などの購買事業、冠婚葬祭事業、ガソリンスタンド、プロパンガス販売など事業は多岐にわたる。

金融業を行わない農協もあるので就活学生は希望する農協の業務内容をよく確認することが大切だ。

地域金融機関という言葉は、しばしば耳にする言葉だが、明確な定義があるわけではない。一般的には特定の地域を主要な営業基盤とする金融機関をさし、大都市に主要な営業基盤を置き、各地に多数の支店を持つ都市銀行に対する概念である。

具体的には、地方銀行や第二地方銀行、信用金庫、信用組合、農業協同組合、漁業協同組合、労働金庫などを指す。

地域金融機関は、地域住民や地元企業、地方公共団体などに対して様々な金融サービスを提供することを主業務としており、地域経済の活性化や発展に寄与することが期待されている。

金融庁 HP に「都道府県別の中小・地域金融機関情報一覧」というサイトがあるので、地域金融機関に就職を希望している学生は参考にするとよい。また金融ジャーナル社から毎年出版されている『金融マップ』も参考になる本だ。

『金融マップ2020年版』によると、2019年3月末における業態別の全国の預貯金シェアは次のとおりである。

都市銀行、信託銀行、その他銀行などの合計が36.9%、地方銀行は21.9%、第二地方銀行は5.3%、信用金庫は11.4%、信用組合は1.6%、労働金庫は1.6%、農協は8.2%、ゆうちょ銀行は13.1%である。

一方、貸出金についてのシェアは、都市銀行、信託銀行、その他銀行などの合計が39.6%、地方銀行は33.2%、第二地方銀行は8.3%、信用金庫は11.5%、信用組合は1.8%、労働金庫は2.2%、農協は3.3%である。

非預金取扱金融機関には証券会社や保険会社がある。

7．直接金融と間接金融

金融はガーレイ＝ショーによって直接金融と間接金融の2種類に大別されている。

直接金融では最終的貸し手と最終的借り手が直接に資金の貸し借りを行う。最終的貸し手の資金と交換に企業に代表される最終的借り手が発行する借用証書を本源的証券という。具体的には株式や社債である。

これに対して間接金融は最終的貸し手と最終的借り手の間に金融仲介機関（銀行）が介入する。最終的借り手の企業が銀行に対して発行する本源的証券が借入債務証書であり、銀行が最終的貸し手（家計を想定）に発行する間接証券が預金証書である。

ここで、注目して欲しいのは学問的な直接金融と間接金融の話の中では銀行は登場するが、証券会社は登場しないということである。これは本源的証券と間接証券という概念を中心にして話を進めているためである。

直接金融では、本源的証券（株式など）がそのまま性質を変えずに最終的貸し手から最終的借り手に渡るからである。

第２章　間接金融

１．銀行の機能

銀行は預金を預かり貸出を実行している。このことはどのような役割を持つことになるのであろうか。銀行の機能には次のようなものがある。銀行の存在意義といってもよい。

①情報生産機能

情報の非対称性を緩和するために情報生産を行う。

②資産変換機能

取得した本源的証券（借入債務証書）の特質を間接証券（預金証書）の特質に変換する。貸出審査が通ると銀行は多くの預金者から預かった預金をもとに企業に対して貸出を行う。もし私たち預金者それぞれが企業に直接にお金を貸すと、預金者がリスクを負担することになるが、銀行が、預金者の代わりにリスクを負担していてくれることになる。これが「リスク負担機能」である。

期間は短く、金額（ロット）は小さい「預金」を長い期間、大きな金額の「貸出」に換える「資産変換機能」でもある。

③決済機能

銀行に預金があるということは決済手段があることになる。決済とは、経済取引で発生した債権・債務を対価の支払いによって完了させることである。コンビニで500円の弁当を買って500円の現金を払うことは経済用語では決済ということになる。しかし現金で払うだけが決済ではない。

銀行の預金から電気代や携帯電話の料金が口座振替で引き落としになること、クレジットカードの料金が引き落としになることもすべて決済という。

これらは、家計の身近な例であるが、企業では手形・小切手の支払いが当座預金から行われる。一部の銀行が経営破綻し支払決済機能が滞ると他の銀行に波及し支払機能全体が麻痺する危険性（システミック・リスク）が生じる。

④貨幣供給機能、信用創造機能

銀行が信用供与（貸出）を通じてマネーをつくりだすメカニズムを信用創造という。

銀行に預けられた預金は企業への貸出となる。仮に A 銀行の預金は 100 あるとしよう。この預金を本源的預金と呼ぶ。

確率的にはまず起きない現象であるが、預金者が全員、A 銀行の窓口に来て預金の払い戻しを要求した場合、もし 100 の預金全額を貸出していた場合、対応が困難になる。そこで準備金として一部を手元に残し、残りの預金を貸出にまわすことにする。

仮に、この準備の割合を 10%とするならば A 銀行は 10 を準備にし、90 を企業 X に貸出すことになる。

企業 X が 90 の借入をもとに設備投資を行い、収益をあげ、その収益は B 銀行の預金として 90 預け入れられるとする。B 銀行は準備 9 を残して 90×90%＝81 を企業 Y に貸出する。企業 Y は B 銀行から借入した資金で設備投資をする。

設備投資は収益を生み出し、そのお金は C 銀行に預金 81 として預入する。C 銀行は準備 8.1 を残して、81×90%の 72.9 を企業 Z に貸す。

この繰り返しで、銀行組織全体で乗数倍の預金（派生預金）を生み出すことになる。これを「信用創造機能」もしくは「貨幣供給機能」という。

ちなみにこのときの預金（本源的預金＋派生預金）の合計額は

$100+100\times0.9+100\times(0.9)^2+100\times(0.9)^3+\cdots\cdots=100\times1/0.1=1000$

になる。このとき 1/0.1=10 を信用乗数という。
銀行は貸出行動を通じて、日本の貨幣供給量、つまりマネーサプライにも影響を及ぼすことになる。
銀行の機能は銀行の存在意義ということになる。これらの機能を他の産業（フィンテックベンチャーなど）が代替できるならば銀行の存在意義が揺らぐことになる。フィンテックについては後述する。

2．プルーデンス政策

システミック・リスクを防ぎ、支払決済システムを円滑に機能させることが銀行・企業・経済社会全体にとって大切である。
このため信用秩序の維持を目的として銀行を規制する政策がある。これをプルーデンス政策という。プルーデンス政策には事前的措置と事後的措置がある。
事前的措置には自己資本比率規制と金融当局による検査・監督がある。自己資本比率規制は BIS 規制とも言われ、国際基準行は 8%以上、国内基準行は 4%以上の自己資本比率を維持することが義務づけられている。
1998 年に早期是正措置が導入され、自己資本比率が一定水準を下回ると監督当局が銀行に対して、その状況に応じて業務改善計画の提出や増資計画の策定、新規業務への進出禁止、業務停止命令等が発動される。
護送船団方式のときのように銀行を経営破綻させないとするのではなく、むしろ経営状況が悪く市場に留まることが望ましくない銀行を市場から撤退させシステミック・リスクを未然に防止するねらいがある。
貸借対照表（略して B/S とも書く）は、その左側には資産を、右側には負債と自己資本を貨幣価値で記入する財務諸表である。負債は自己資本に対して他人資本とも呼ばれる。また自己資本は純資産ともいう。

表2　某地方銀行貸借対照表の抜粋
平成30年3月31日現在　　単位：百万円

資産の部	金額	負債の部	金額
貸出金	4,042,114	預金	4,909,330
有形固定資産	32,291	その他	474,825
その他	1,598,708	純資産の部	288,958
資産の部合計	5,673,113	負債及び純資産の部合計	5,673,113

銀行の貸借対照表において、貸出は資産の部に計上される。製造業の貸借対照表のように資産の部に土地・建物が大きなウエイトを占めるケースと異なり、銀行における資産の部の主役が貸出であるということはイメージしにくいかもしれない。

表 2 に某地方銀行の貸借対照表の抜粋を示す。資産の部では貸出が、負債の部では預金がその殆どを占めるということが理解できよう。

プルーデンス政策の事後的措置には預金保険制度、公的資金注入、日銀のラストリゾート機能がある。

預金保険制度は万が一、銀行が経営破綻した場合、預金者は一人一行について 1000 万まで預金が補償される制度である。

ラストリゾート機能は中央銀行の最後の貸し手機能である。日本銀行が自らの判断で金融機関に無担保無制限の貸出を行うことで、通常、日銀特融と呼ばれる。1997 年に山一証券が日銀特融を受けている。

第３章　金融市場

１．短期金融市場

ここでは、日本の主な金融市場について述べる。金融市場は取引期間によって短期金融市場と長期金融市場に分かれる。短期・長期の分類はワンイヤールールによる。すなわち1年未満の取引を短期、1年以上の取引を長期という。

短期金融市場はインターバンク市場とオープン市場に分かれる。これは取引参加者による市場区分である。インターバンク市場の取引参加者は金融機関等に限定されている。これに対してオープン市場は金融機関以外も参加できる。

インターバンク市場にはコール市場、手形市場などがある。コール市場は超短期の市場で、当日中に返済する日中から 1 年以内の取引期間である。市場を構成するのは金融機関で、日本銀行も含まれている。

担保の有無で有担保コールと無担保コール取引に分かれる。コール市場では金融機関同士の資金の過不足を調整している。各金融機関が日銀に保有する当座預金口座の振替で調整する。

手形市場はコール市場から 1 ヶ月以上の取引を分離した市場のことで、手形の売買が行われる。

オープン市場には、金融機関以外の一般企業、機関投資家なども参加している。オープン市場には、債券現先市場、債券貸借市場、CD 市場、CP（Commercial Paper）市場、国庫短期証券市場、ユーロ市場、オフショア市場などがある。

CDとは譲渡性預金のことで1979年に解禁された。譲渡可能で自由に発行条件を決めることができる大口定期預金であるCDが取引される市場である。金融自由化の進展により、金融商品としての優位性は薄れてきている。

CPとは企業や金融会社などが発行する短期の社債である。ペーパレス化が実現し、大企業を中心に活用されている。

国庫短期証券は、従来用いられていたTB（Treasury Discount Bills 割引短期国債）とFB（Financing Bills 政府短期証券）が2009年に統一名称とされたものである。2カ月、3カ月、6カ月、1年の短期の割引国債である。

ユーロ―・カレンシーとは通貨を発行している自国外に存在する通貨の市場（ユーロ市場）において取引されている自国通貨のことをさす。EUが1999年に導入した欧州単一通貨の呼称（ユーロ）とは異なる概念である。

たとえば自国が米国の場合、ユーロ―・ダラーと呼び、日本の場合はユーロ―・円と呼ぶ。日本国外で取引される円建て金融資産である。

ユーロ円市場は日本国内の規制や税金が課せられないことや市場参加者がグローバルで大口であることなどの特徴がある。

ユーロ・カレンシーとは、もともとはヨーロッパを中心に取引された米ドルのことをさしたが、現在ではこの意味はない。

オフショア市場は非居住者間の金融取引について、国内金融市場とは切り離して、金融・為替管理上の制約を大幅に緩和したり、税制上の優遇がある市場のことである。

オフショア市場に参加する銀行は、そのための特別勘定（オフショア勘定）を設けており、他のオープン市場とは性質が異なる。東京オフショア市場は1986年に創設された。

2. 長期金融市場

長期金融市場は資本市場あるいは証券市場と呼ぶこともある。長期金融市場には株式市場と債券市場がある。

株式を所有することは株式会社の株主になることを意味する。株主は経済的な利益を受け取る権利だけでなく、経営に参加する権利ももつ。

すでに発行されている株式の売買が行われる市場を流通市場という。これに対して、企業が資金調達のために新たに株式を発行する市場を発行市場と呼ぶ。

すべての株式が証券市場で売買されているわけではなく、創業者一族や経営者の知人・友人などで株式を所有している場合もある。しかし、多額の資金調達が必要になると証券市場に上場することも行われるようになる。これが株式公開である。

株式公開とともに創業者一族が所有している株式を売却したり、新たに株式を発行したりすることを IPO（Initial Public Offering）という。

債券は元本や利子の支払を約束して発行する負債である。返済期限があり、元本や利子を支払う必要があり、株式とは性質が異なる。流通性が高い点で債券は銀行借入とは異なる。

債券市場には公共債（国債と地方債)、社債（普通社債、転換社債、ワラント債)、金融債などがある。

国が発行するものが国債、地方公共団体が発行するのが地方債である。国債は1年以内の短期国債、2～5 年以内の中期国債、6～10年以内の長期国債、10年を超える超長期国債に分けられる。

利子の支払方法により利付債と割引債に分かれる。利付債は最も一般的な債券の発行形態で、債券保有者に定期的に利子を支払う。これに対して割引債は利子の支払いが行われない代わりに、発行価格が割引され、額面を下回っている債券である。

金融機関が発行する債券が金融債であるのに対して、一般企業が発行するのが社債である。社債には普通社債、ワラント債、転換社債の種類がある。

発行会社の株式を、一定の行使期間内に、予め定められた行使価額で、決められた数量だけ引き受ける権利、すなわちワラントが付与された社債をワラント債、もしくは新株引受権付社債と呼ぶ。

ワラントを行使すれば行使価額と株価の差額は利益となる。株価が行使価格を上回らなければ、ワラントを行使しなければよいが、行使期間内にワラントを行使しないとワラントは無価値となる。

転換社債は発行時に転換価額と転換請求期間が定められている。転換社債の保有者は転換請求期間中、転換価額で社債を株式に転換するよう企業に要求することができる。

株価が上昇していれば、転換価額と株価の差額が利益となる。株価が転換価額よりも低ければ、権利を行使せず満期に償還を受けることになる。

ワラント債と転換社債は、社債ではあるが、株式の性質を併有するのでエクイティ債とも呼ばれる。なお、転換社債は2002年の商法改正により正式名称が「転換社債型新株予約権付社債」となった。

外国債とは、外国政府、外国法人、国際機関の発行する債券のことである。日本の企業などが海外で発行する債券も外債と呼ばれ、一般に発行者、発行市場、通貨のいずれかが外国である場合には外国債と呼ぶ。外債とも呼ばれる。

募集の仕方により公募債と私募債がある。不特定多数の投資家（50名以上）を相手に販売するのが公募債で、特定少数の投資家向けが私募債である。

第４章　金融政策

１．日本銀行

経済政策は財政政策と金融政策に分かれる。財政政策を行うのは政府であるが、金融政策を行うのは政府ではなく日本銀行である。

日本銀行は 1882 年に設立された日本の中央銀行である。日本銀行は政府の機関ではない。日本銀行の意思決定は政策委員会が行っている。そのうち金融政策について行うものを金融政策決定会合と呼ぶ。

政策委員会は総裁、副総裁 2 名、審議委員 6 名の計 9 名で構成されている。日本銀行法第 3 条では日本銀行の（政府からの）独立性の強化と透明性の確保が謳われている。

日本銀行法第 1 条に日本銀行の目的が書かれている。すなわち「通貨および金融の調節」と「信用秩序の維持」である。したがって日本銀行は物価の安定と金融システムの安定を目標とし、金融政策を行うことになる。

日本銀行の基本的な機能は下記の 3 つである。

①発券銀行

日本で紙幣を発行できるのは日本銀行だけである。かつて民間の金融機関が紙幣を発行した時代もあったが、インフレを引き起こしたため、現在では中央銀行にのみ発券が認められている。世界各国で通常のルールである。

②銀行の銀行

民間銀行は日本銀行に当座勘定を持ち、その勘定を通じて決済を行っている。日本銀行は民間銀行の決済サービスを行う銀行の銀行なのである。また民間銀行に信用供与も行う。

③政府の銀行

日本銀行は政府の銀行として政府預金の受け入れや国債の業務を行い、また政府の指示にもとづき外国為替の介入も行う。

こうした機能は先進国中央銀行にほぼ共通である。

2．伝統的な金融政策

まず従来からある伝統的な金融政策を紹介しよう。現在は使用されていない手法もある。

①公開市場操作

現代日本の金融政策の中心的な手段である。日銀が主に短期金融市場を通じて民間銀行に資金を供給する手法である。

金融緩和の際は、日銀は民間銀行から短期国債や手形などの短期証券を購入する（買いオペ）。短期証券の購入代金として日銀から民間銀行に資金が供給され、短期金融市場における金利も低下する。民間銀行は企業に低利の貸出が可能になる。

金融引き締めの際は、この逆の動きになり、日銀に資金が吸収され金利も上昇する。

②貸出政策（公定歩合操作）

公定歩合操作は、かつては代表的な金融政策であったが、現在では、公開市場操作を補完しコールレートの上限を画す役割にとどまっている。公定歩合の正式名称は「基準割引率及び基準貸付利率」に変更された。

③預金準備率操作

民間銀行は預金の引き出しに備えて一定割合（準備率）を準備預金として日銀に預入することが義務になっている。この預金者保護の制度を金融政策として用いるものである。

預金準備率の変更は1991年が最後で、それ以降実施されていない。

規定以上の準備を民間銀行は抱えているのが近年の実態である。
伝統的な通常の金融政策では短期金融市場の利子率をある一定水準に維持するように実施される。
1999年2月から2000年8月まで行われていたゼロ金利政策では、操作目標である無担保コールレートを事実上ゼロ%にすることを目標にした。

3．非伝統的な金融政策

短期金利（コールレート）を操作目標にする伝統的な金融政策は、金利がゼロに近い特殊な状況では機能しない。金利がゼロに近いと通貨で所有しようとする。これを「流動性の罠」と呼ぶ。こうした状況でデフレに対処するため非伝統的金融政策が行われるようになった。
2001年3月の量的緩和政策では操作目標が無担保コールレートから日本銀行当座預金残高になった。金利ではなくお金の量を操作目標にしたのである。
2012年、日本再生をテーマとする第二次安倍内閣が発足し、三本の矢（アベノミクス）が打ち出された。①大胆な金融政策、②機動的な財政政策、③民間投資を喚起する成長戦略である。アベノミクスの第一の矢である「大胆な金融政策」を受けて、2013年4月に日銀は、次のような量的質的緩和を導入した。
①インフレ目標：2 年程度で 2%のインフレを実現するという目標を掲げた。
②量的緩和：金融政策の操作目標を短期金利から日銀が供給する資金の量に変更した。
③資産購入 :非伝統的な長期国債やリスク資産（株式上場投資信託（ETF)、不動産投資信託（REIT)）を大量に購入し、これらの残高を2年で2倍にするとした。
今日の金融政策は非伝統的な金融政策が用いられており、異次元緩和とか量的質的緩和（QQE：Quantitative-Qualitative Easing)

と言われている。黒田日銀総裁が導入時の会見で「これまでとは次元の異なる金融緩和」と発言したため異次元緩和とも称される。

4．量的緩和政策の効果

量的緩和政策の効果には次のようなものが考えられる。

①ポートフォリオのリバランス効果

日銀の当座預金には金利がつかないので、銀行は資産運用の仕方（ポートフォリオリオ）を再構築（リバランス）しようとするはずである。銀行の貸出が積極化されることが期待されるのである。

②アナウンスメント効果

金利を目標にする場合はゼロ金利になれば、それ以上の金融緩和は不可能である。しかし量的緩和はゼロ金利でも可能であり、日銀の金融緩和の意思を示すことができる。

③時間軸効果

長期金利は、現在および将来の短期金利の合計と考えられる。よって短期金利の予想を引き下げることにより、長期金利の引き下げをねらう。

5．マネービューとクレジットビュー

マネービューとクレジットビューという二つの考え方がある。しかし、預金と貸出は連動した動きをすることが多いため、どちらの影響かと断定することは難しい。

①マネービュー

マクロ経済の変動に関して、貨幣量の動きが重要であるとする見解。マネーは銀行の貸借対照表の負債項目に記載されている預金である。預金が貨幣の機能を果たしていると考える。

マネーストックが変化すると貨幣の需給バランスの変り、金利、そして経済活動に影響を与えると考える。

②クレジットビュー

信用、つまり貸出を重視する見解である。貸出は銀行の貸借対照

表上の資産項目である。金融仲介の機能により取引コストが削減されている。それだけに金融仲介機関（銀行）の影響は大きく、銀行貸出の変化が経済活動に影響を与えると考える。

６．マイナス金利

一言でマイナス金利を説明するならば、マイナス金利とは、民間の金融機関が中央銀行（日本では日銀）に預けている預金金利をマイナスにすることである。金利のマイナス化により、預金者が金利を支払うことになる。日銀のマイナス金利政策は、2016 年 1 月に「マイナス金利付き量的・質的金融緩和」として導入された。

日銀のマイナス金利政策でマイナス金利が適用されるのは、金融機関が持つ日銀の当座預金のごく一部である。日銀はマイナス金利政策によって、金融機関が日銀に資金を預けたままにしておくと金利を支払わなければならなくすることで、金融機関が企業への貸出や投資に資金を回すように促し、経済活性化とデフレ脱却を目指している。

第Ⅱ部

金融の歴史

第5章　江戸の三貨制度

第Ⅱ部は、日本の金融の歴史を概観した上で、金融のホットな話題にも言及したい。最初は江戸時代である。何も江戸時代まで遡る必要はないと思うかもしれないが、江戸の三貨制度を知った上で、今日の我々の貨幣制度を理解してほしい。

江戸時代は三貨制度と呼ばれる、金貨・銀貨・銭の三種類の貨幣が流通する貨幣制度であった。三種類の貨幣が存在したと言っても、それは一万円札があり、千円札があり、百円硬貨があるという今日の貨幣制度とは全く意味が異なる。

お金（貨幣価値）としては同じでも金貨・銀貨・銭は使用する社会的階層、商品のランク、使用する地域によって異なっていたのである。

すなわち金貨は関東で、銀貨は関西で流通し、金貨は上級の武士や富裕な商人が高級品に使用した。銀貨は中級の武士や商人が中級品に使用した。銭は全国で庶民が日常品を購入する際に使用した。

しかも金貨と銭は今日の通貨と同じように計数貨幣であったが、銀貨は重さをはかる必要のある秤量貨幣であった。銀貨の単位は重さの単位の匁（もんめ）である。金貨は両、銭は文である。

銀貨は秤量貨幣であるため、実際の商いは簡単ではない。商人は天秤の片方に丁銀（ちょうぎん）と呼ばれる海鼠（なまこ）のような銀の塊を乗せ、もう一方に分銅をのせて重さをはかる。

ちなみに分銅の形がその後の銀行のマークになり、地図でお目にかかることができる。丁銀にさらに豆板銀を追加して重量の調整を行う。そして他の貨幣（金貨、銭）との交換比率に基づき換算することになる。

このように重さを量る秤量貨幣は取扱いが厄介である。時代劇の買い物をする場面で、筆者が知る限り貨幣を秤量する姿を見たことはない。今日の我々の感覚では計数貨幣でなければ貨幣として理解することができないであろう。

今日ではファーストフードの店で数百円の食事をして一万円札を出してお釣りをもらうことは可能である。しかし江戸では庶民のファーストフードの店、たとえば蕎麦屋で十六文の蕎麦を食べて一両小判を出してお釣りをもらうということはあり得ない風景であった。

日常品の出費には最初から銭を使うことが前提となっている。そのため事前に両替しておくことが必要なのである。三貨は相互に両替が必要であった。いわば一つの国にたとえば円、ドル、ポンドという三国の通貨があり、両替手数料を支払う必要があったのと同じことになる。

貨幣はしばしば言語と共通点があるとされる。すなわち流通普及しなければ意味がない。また一つの統一国家の象徴として言語や通貨の統一ということが言われる。この意味で江戸は1603年に家康が開府したというものの通貨は統一されていなかったのである。

第６章　明治から戦後復興まで

１．貨幣制度

1877 年、西南戦争の戦費をまかなうため政府は紙幣を発行した。しかし、これは正貨と交換することができない不換紙幣であったため、インフレが起きた。

政府は増税によって歳入の増加を図り、財政を緊縮して歳出を切りつめ、余剰金を正貨準備に充当した。1882 年に日本銀行が設立された。日本銀行にのみ紙幣発行権を認め、1885 年から正貨である銀貨と引き換えのできる兌換紙幣を発行した（銀本位制）。

1894 年～1895 年の日清戦争の勝利により多額の賠償金を獲得し、それを元に 1887 年に貨幣法を制定し、兌換条例を改正し金本位制に転換した。

２．金融機関の制度化

1893 年に普通銀行条例が施行された。銀行は急増し、1901 年には 1867 行にもなった。この背景には産業の発展にともなう資金需要の要請があった。

1878 年に株式取引所条例ができ、東京、大阪に証券取引所が設立された。日清戦争後には株式会社設立ブームが起きた。1897 年には取引所は 46 カ所に増えた。

また 1900 年に保険業法が制定され、保険会社が制度化した。明治末には特殊銀行が設立された。特殊銀行は産業投資のために長期資金を供給する役割をもった。特殊銀行の最初のものは横浜正金銀行で、外国為替業務に特化した銀行であった。

1897 年、農業振興を目的とする日本勧業銀行が発足した。1899年には北海道拓殖銀行法が公布され、翌年、北海道拓殖銀行が設立した。

1900 年、日本興業銀行法が公布され、1902 年に日本興業銀行が設立された。このほか、特殊銀行には植民地経営を目的とした台湾銀行と朝鮮銀行があった。

1914 年、第 1 次世界大戦の勃発で軍需景気が起き、銀行部門も拡大し、銀行数、店舗数は増加した。

3. 金融恐慌

第一次世界大戦（1914～1918 年）が終了すると、1920 年 3 月に東京証券取引所の株価が暴落した。戦後反動恐慌と称される。1921年のワシントン軍縮会議は不況に拍車をかけた。

1922年大阪の材木商の経営破綻が起きると全国の銀行で取り付け騒ぎが発生した。1920 年の恐慌以来、担保物件の価値が下落し、企業の収益も悪化しており銀行の信用不安につながった。

1923 年 9 月 1 日には関東大震災が起き、首都圏は大打撃を受け、取り付け騒ぎが起きた。政府は 9 月 7 日、30 日間の支払猶予令を公布した。さらに震災手形割引損害補償令を出し、日本銀行で震災手形を割引した。

1927 年、震災手形の処理を巡って蔵相の失言がもとで東京渡辺銀行に取り付け騒ぎが起きた。さらに株式市場の大暴落が起きて金融恐慌が起きた。

これらの恐慌で多くの銀行が休業、破綻に追い込まれた。
このため、金融当局は銀行合併を推進させ、多くの銀行が消滅した。

1923年には信託法・信託業法が施行され、信託会社が整理された。1926 年、政府は金融制度調査会を発足させ、1927 年には銀行法が制定され、不当な競争を防止するために銀行合同を推進した。また最低資本金を 100 万円とし、5 年以内の達成を求めたが、多くの銀行が達成できず廃業した。

不況の 1920 年代を通じて、産業界では集中が進み、四大財閥（三井・三菱・住友・安田）の力が増した。また金融資本が進み、五大銀行（三井・三菱・住友・第一・安田）の支配が進んだ。

1929 年 10 月 24 日、ニューヨーク・ウオール街の株式市場が大暴落した「暗黒の木曜日」である。世界経済恐慌の始まりである。

1930 年 1 月、日本は金輸出解禁を実施した。金解禁は「嵐の中で雨戸を開く」結果を招いた。

外国から安い商品が流れ込み大量の金が海外に流出し、経済界は混乱し、生糸の対米輸出は激減し養蚕業は大打撃を受けた。1930 年（昭和 5 年）の大恐慌は昭和恐慌とも言われる。

1931 年 12 月、犬養内閣は金輸出を再禁止し、日本銀行の兌換を停止した。これにより管理通貨制度となる。

1936 年、馬場蔵相が一県一行主義を提唱し、徹底することになった。

4．戦時下・戦後復興期

1941 年 12 月、日本は太平洋戦争に突入した。1942 年には金融事業整備令が出され、銀行は政府の支配下に置かれた。

1942 年、日本銀行法が戦時体制にあうように制定され、政府の監督権が強化された。金融恐慌の時代から引き続き、銀行の整理・合同は進められていった。

金融の目的は戦争遂行のための産業に資金を配分することであり、そのためには一つの県に銀行は一つあれば十分とする一県一行主義が誕生した。

戦時下の金融体制が、その後の高度経済成長の金融システムを形成していった。すなわち低金利政策、信用割り当て、一県一行主義、金融の非国際化などである。

戦後、物不足により急激なインフレが起きた。1946 年、「金融緊急措置令」が出され、金融機関の預貯金を封鎖し、法令の定める範囲内でのみ支払が認められた。

1947年、生産復興のため復興金融公庫が設立され、基幹産業に資金が提供された。基幹産業を重視する傾斜生産方式である。

また1947年に証券取引法が制定された。1949年、特殊銀行は廃止され、台湾銀行、朝鮮銀行は解体された。日本勧業銀行と横浜正金銀行は普通銀行になり、日本興業銀行は長期信用銀行となった。

第７章　高度経済成長

日本は1945年（昭和20年）、ポツダム宣言を受諾し、第二次世界大戦が終結する。戦後、3つの民主化が行われ、経済復興を支えた。

第一に、GHQ（占領軍総司令部）の命令により財閥が解体された。これにより経済の自由競争の基礎ができた。

第二に農地改革だ。この結果、昭和20年には農地の約4割を占めた小作地が、5年後は1割に減少している。

第三に労働民主化である。労働三法（労働組合法、労働基準法、労働関係調整法）が制定され、労働者の発言力が高まり、労働時間も戦前よりも短縮された。

戦後の経済復興を支えたものには、この他、「傾斜生産方式」がある。エネルギーの中心となる石炭と、産業の中心にある鉄鋼を集中的に増産した。

1956年（昭和31年）の『経済白書』では、「もはや戦後ではない」という非常に有名な記述がされた。復興経済といわれる時代が終わり、高度経済成長期が始まる。

１. 高度経済成長期の概観

戦後の混乱期を過ぎると、日本は「高度経済成長期」と言われる時代になった。1955年から1972年までを高度成長期と呼ぶ。高度成長期は1973年のオイルショックで終焉を迎えた。

高度成長期の経済成長率は、年平均9.3%である。今日の低い成長率から見ると驚異的な数字である。

1956 年の経済白書には、「もはや戦後ではない」、「回復を通じての成長は終わった」という記述が見られるように復興による経済成長の可能性はなくなり、他の要因が必要とされるようになった。

1960 年首相に就任した池田隼人は所得倍増計画を推進した。1961 年度からの 10 年間で国民所得を倍増する計画である。

結果的には、民間設備投資と消費需要の伸びに牽引されて、所得倍増計画以上の成長を遂げた。

1961 年（昭和 36）に世界的な大ヒットとなった坂本九の『上を向いて歩こう（海外での曲名 SUKIYAKI)』は昭和 30 年代の日本の活気に満ちた空気を感じさせる歌である。敗戦国である日本が戦後の復興期を脱し高度経済成長期へ向かうときの行進曲ともいえる記念すべき歌であろう。

経済的なインフラも整備され、1964 年には東海道新幹線が、1965 年には名神高速道路が開通しました。高度経済成長時代の眩しく輝く「光」の局面である。「光」があれば「影」もある。

都市が過密し、地方は過疎化した。地域間格差が生じた。公害問題が発生した。水俣病、新潟水俣病、イタイイタイ病、四日市ぜんそくは四大公害病とされる。1967 年には「公害対策基本法」が成立した。

2. 高度経済成長のメカニズム：需要側の要因

高度経済成長はどのような要因で生じた現象なのか、需要側の要因を考えてみよう。

国内企業が積極的な設備投資を始める契機は朝鮮戦争（1950～1953）による特需にあった。各産業の設備投資が連鎖的に拡大し投資が投資を呼ぶという状況になった。

耐久消費財が普及し、個人消費がブームになり景気を牽引した。1950 年代後半は三種の神器がブームであった。すなわち、白黒テレビ、洗濯機、冷蔵庫をさす。

1960年代のブームの対象は３C（頭文字がCで始まる）である。すなわち、カラーテレビ、クーラー、自動車をさす。こういった耐久消費財のブームの背景には、平和な国際環境で、日本は政治的にも社会的にも安定していたことがあろう。

また技術革新により、生産コストが下がり、品質が上がり、国際競争力が上昇した。

成長期待により、消費者は所得の増加を前提として消費活動を行うようになった。

３．高度経済成長のメカニズム：供給側の要因

海外からの技術導入が技術進歩をささえた。設備投資はさらなる技術進歩をもたらした。また貯蓄率が上昇し、投資の拡大を可能にした。自由貿易を基本とする世界経済の中で、日本は輸出を伸ばすことができたのである。

高度経済成長期には、太平洋ベルト地帯（東京圏、関西圏、名古屋圏を中心とする太平洋側の地域）を中心に工業が発展した。農村部から都市部への大量の人口移動が起きた。

工業部門の生産性上昇で賃金格差が生じ、農村から都会への若者の流れに拍車がかかった。1960年前後に労働余剰は労働不足にかわり、集団就職の列車が、中卒や高卒の若者を都会へ運んだ。彼らは「金の卵」と呼ばれた。教育水準も高まり、労働の量・質ともに増えた。集団就職列車が運行を始めたのは1954年からである。

勤勉な日本人は労働の質が高かったといえよう。

成長期待により、企業は投資を活発に行い、シェア競争はさらに投資を活発化した。

４．高度経済成長期の経済社会の変化

国民所得倍増計画もあり賃金水準が上昇した。消費革命が起き、三種の神器、3Cなどの耐久消費財が普及した。「一億総中流意識」という言葉が使われるようになった。

経済的インフラとしては、1964年に東海道新幹線が、1965年名神高速道路が開通した。道路網が整備され、自動車も普及した。

しかし、光があれば影もある。高度経済成長の影としては、都市の過密、地方の過疎化、地域間格差、公害問題などがあげられる。四大公害病とは、水俣病、新潟水俣病、イタイイタイ病、四日市ぜんそくをいう。

高度経済成長期にも景気循環を経験している。特に40年不況（昭和40年＝1965年）は戦後最大の不況と呼ばれ、山一証券は経営危機に見舞われ、戦後初の日銀特融を受けた。

ちなみに1964年は東京オリンピック開催の年である。

下記に、高度経済成長期における日本の景気循環を示す。

・1954年11月から1957年6月まで31カ月間：神武景気
この間12カ月：なべ底不況
・1958年6月から1961年12月まで42カ月間：岩戸景気
この間10カ月
・1962年10月から1964年10月まで24ヶ月間：オリンピック景気
この間12カ月：40年不況、証券恐慌
・1965年10月から1970年7月まで57カ月間：いざなぎ景気
この間17カ月：ニクソンショック
・1971年12月から1973年11月まで23カ月間：列島改造ブーム
1974年：第1次石油危機による狂乱物価

第８章　高度経済成長の終焉

１．高度経済成長の終焉

高度成長は、ニクソンショック、オイルショック（第１次石油ショック）により終焉を迎えた。

１．１　ニクソンショック（ドル・ショック）

1960年代、日本の国際競争力は上昇、経常収支黒字となった。アメリカは経済収支赤字が続き、ドルの信認が揺らぎ国際通貨不安となった。1960年代後半のアメリカでは、ベトナム戦争の軍事支出が増大し、財政が悪化し、インフレと国際収支の悪化が起きていた。

1971年、8月、アメリカは金とドルの交換を停止し、固定相場制を放棄した。これをニクソンショックという。一時的に変動相場制となった。

1971年12月、ワシントンのスミソニアン博物館で先進国10か国蔵相会議（G10）が開かれ、新たな為替レートで固定相場となった。つまり1ドル＝360円から1ドル＝308円に切り上げられたが、この相場維持できなかった。アメリカの国際収支赤字は収まらず、結局1973年2月、変動相場制へ移行した。

１．２　オイルショック

1973年10月、第4次中東戦争を引き金として第一次石油危機が発生した。OPECは1バレル2ドルから11ドルへと原油価格を大幅に引き上げ、さらに先進国向けの供給量を1割程度、削減した。

日本はトリレンマ（物価急騰、景気後退、経常収支の赤字化）に襲われた。石油危機は物価を急上昇させ、1974年の卸売物価は30%、消費者物価は23%上昇し「狂乱物価」と呼ばれた。

石油危機は社会的な混乱をきたし、石油とは無関係な商品まで便乗値上げしたり、投機的な行動が見られたりした。トイレットペーパー等の日用品を買い求めて列ができたりする異常な状況が起きた。品不足は消費財のみならず工業用材料にも広がっていった。

2．スタグフレーション

第1次石油危機が起きると、1974年の実質経済成長率は▲1.2%という戦後初のマイナス成長となった。日本を含め世界各国でスタグフレーションが起きた。

スタグフレーションとは高い失業率と高い物価上昇率が併存する経済状態をさす。景気停滞（スタグネーション）と持続的な物価上昇（インフレーション）の合成語である。

通常、景気後退時には物価は下落し、失業率も高くなっているが、そうではなく、物価は上昇し、失業率も上昇している状態をさす。

3．第1次石油危機に対する対策

インフレの収束が先決とされ、公定歩合を9%に引き上げ、総需要を抑制した。また灯油・トイレットペーパーなどの価格を統制した。物価上昇は1974年以降低下し、経常収支も改善し、1975年を底として景気は回復に向かった。

企業は第1次石油危機に対して、負債を圧縮し、省力化を行い、減量経営を行った。高度経済成長期の日本はメインバンクシステムに示されるように間接金融に依存した設備投資を行ってきた。

しかし、石油危機により、設備投資による事業拡大から、合理化、省力化、省エネルギー化のための投資へとシフトした。製造業のエネルギー消費原単位は石油危機以降大きく低下した。

省力化に関しては、人件費を抑える手段として企業は非正規社員に置き換えるという方法をとった。雇用を優先し、賃上げを妥協し、正規社員を解雇する方法は避け、労働時間の短縮、新規採用数の削減、希望退職者を募るなどの方法で乗り切った。

4．第2次石油危機

1978年11月、イラン・イスラム革命を機に、イランによる石油輸出全面禁止が2カ月に渡って実施された。これによりOPECは原油価格を2.4倍に引き上げた。

第2次石油危機が起き、原油価格が高騰したが、第1次石油危機に比して、物価の上昇も景気の下落も小さかった。

これは第1次石油危機のあと省エネ型の経済社会を築いてきたことにあるであろう。

5．中成長経済と産業構造の転換

二度の石油危機により高度経済成長時代は終焉を迎えた。日本経済は年成長率5%程度の中成長の時代となった。

要因としては、まずオイルショックによる資源・エネルギー価格の上昇があげられる。またニクソンショックによる円高も要因として考えられる。さらに、高度経済成長時代の間に耐久消費財や住宅の需要が充足したことがある。労働力人口の伸びも低下した。

キャッチアップ過程が終了し、日本は先進国との格差がなくなり、高度成長時代は終わった。

高度経済成長の終焉により産業構造の転換が起きた。

エネルギー価格と賃金の上昇によって、第1次石油危機後は、鉄鋼、造船、石油化学などが競争力を失うことになった。

これらの業種に代わって、1970年代後半から1980年代にかけてのリーディング産業は、自動車、エレクトロニクスなど加工組み立て型産業である。

またサービス産業の重要性が高まったことも重要な特徴である。

新たな成長の流れとして経済社会に次のような変化が生じた。生活が質的に向上し、消費生活のサービス化、ソフト化が起きた。

モノの国際化や金融の国際化という流れが起きてきた。

高度成長時代は終わり、成長がいつまでも続くと考える成長神話も同時に終わった。今度は逆に、日本経済悲観論のムードが漂うようになった。このため、企業は投資や新規採用を控えるようになり、家計は消費を減らした。政府は金融を引き締めた。原油価格の値上がり、賃金の上昇、消費・投資の減少が不況をもたらした。

企業は、石油依存率を低下させる省エネ型の生産方法・技術の開発を行ったり、自動車、家電、電子部品などの産業を中心として、生産性向上を進めたりして、コスト削減を行った。

生産性向上の方法として、トヨタのカンバン方式が世界的に有名である。

カンバン方式とはジャストインタイムで生産するために考えられた方式である。これは作業の前工程は、必要十分な量の部品を予想して生産し、後工程は必要に応じて前工程に部品を受け取りに行くというものである。

これにより部品の需給の不一致の解消を図り、無駄を削減した。後工程が前工程に部品を受け取りに行くときに発行する帳票を「かんばん」と称したことによるネーミングである。

6．世界における日本の成長の意義

戦後の日本経済の成長はJapanese miracleと呼ばれ、奇跡とされた。日本は二つの意味で成長のモデルを世界に、特にアジア諸国に対して示したといえよう。

①日本はアジア諸国に成長のモデルを示した。

日本はヨーロッパ以外の国で初めて自力で経済発展をなしとげ先進国の仲間入りを果たしたのである。途上国には先進国からの開発援助が必要という迷信を打ち砕いたといえよう。

②資源に恵まれない国の成長モデルを示した。

日本は天然資源に恵まれた大国ではない。しかるに経済成長をなしとげたのである。

第９章　メインバンクシステム

１．メインバンクシステム

前章で述べたように、高度経済成長時代には企業の旺盛な設備投資意欲があった。この投資意欲を支えたのがメインバンクシステムであったとされる。

メインバンクとは主たる取引銀行をさし、日本語では主要取引銀行と言う。メインバンクシステム（メインバンク制）とは、契約内容が明確に示された明示的契約ではなく暗黙契約とされる。

メインバンクは取引先企業に対して安定的な資金供給を暗黙的に与え、その見返りとして企業は支払決済口座や様々な取引をメインバンクに集中させ、インプリシットな保険料を支払うと考える。

ところが、どのような銀行をメインバンクと称するかという明確な定義があるわけではない。しかしメインバンクの定型化された事実として次のようなものがある。

①取引銀行のうち最大融資のシェアを占める銀行
②企業と長期継続的・総合的（多面的）な取引関係を有する銀行
③企業の主たる株主の銀行、株式持ち合いをしている銀行
④企業に役員や従業員を派遣し、人的結合関係の強い銀行
⑤企業の経営危機の際には積極的な救済策を講じ、企業再建のイニシアチブをとる（ことが企業から期待される）銀行。

最大融資シェアといっても融資には短期融資もあれば長期融資もある。短期融資は一般的には運転資金、長期融資は一般的には設備資金

に対応したものである。どちらで最大融資シェアなのか、トータルで最大融資シェアなのか厳密な定義があるわけではない。

②の銀行と企業の長期継続的な関係は、メインバンクシステムだけではない。地域金融機関と中小企業の関係は、後にリレーションシップバンキングとも呼ばれるようになった。

③の株式持ち合いは、日本の企業金融の特徴の一つで、企業とメインバンクなど親密な関係のある主体が株式を相互に持ち合う慣行をさす。

この慣行はメインバンクシステムの根幹となり企業と銀行の長期継続的な安定的な関係を支える。大きなメリットは敵対的買収を防御する安定的な株主工作になることがあげられる。

しかし、最近はディメリットのほうが強調されるようになってきている。株式売買は自由な市場取引であるべきで、効率性が損なわれることになる。株式を持ち合っているからという理由で取引を決めていては、競争力に劣ることになる。

バブル崩壊後は日本の金融慣行の負の側面が顕わになってきた。銀行は不良債権処理に追われ、体力が低下した。そのため、バランスシートを効率化することが行われ、収益を生み出さない持ち合い株式を売却する動きが出てきた。

さらに株式の時価評価によって、株価の変動が企業収益にも大きな影響を及ぼすようになり株式持ち合いは近年ではネガティブな評価を受け解消傾向にある。

⑤に示す最後の救済策はラストリゾート機能ともいう。⑤の括弧内の文章は奇妙な表現に思うかもしれない。メインバンクは借り手企業や世間から危機に陥っている企業の救済を期待される。

しかし企業を救済しなければいけない法律があるわけではない。企業とメインバンクの間に、企業が危機の際、メインバンクが救済することをうたった契約書がかわされているわけでもない。さらに、どの銀行をメインバンクと称するかも明確にされているわけではない。暗黙契約といわれるゆえんである。

2．Cシステムと R システム

メインバンクシステムは通常、大銀行と大企業の関係をさす。大銀行は、最近はメガバンクと称することが多いが、高度経済成長時代には都市銀行と呼ばれた。

筆者は大銀行と大企業の関係をC(City)システムと呼び、地域金融機関と中小企業の関係をR(Regional and Relationship)システムと呼んでいる。

両者は様々な点で異なる。そもそも営業対象地域はCシステムとRシステムは異なる。Cシステムでは大企業と大銀行の活動する範囲は、日本全国はもとより世界中に及ぶ。これに対してRシステムは限られた地域である。

上場企業では、安定株主工作の一環として銀行との株式持ち合いが見られることが多い。これに対して、中小企業は同族経営が多いため同族で株式を所有することが多く、銀行との株式持ち合いは少ない。

同様に中小企業はオーナー経営者が多いため銀行からトップマネジメントを派遣することは少なく、行員は企業のミドルマネジメントとして派遣されることが殆どである。大企業の場合にはトップマネジメントの派遣も見られる。

銀行と企業の取引関係の範囲については、Cシステムでは企業取引に限定されるのに対して、Rシステムでは企業取引のみならず、オーナー経営者やオーナーの家族関係にまで及ぶのが普通である。

Rシステムでは綿密な営業活動が行われ、中小企業に対する集金活動までも銀行員が行っている。これは本来、中小企業が負担すべきコストを銀行に転嫁しているともいえよう。Cシステムでは、このような集金業務は見られない。

ラストリゾート機能に対する社会的責任はRシステムよりもCシステムのほうが大きいであろう。しかし、限定された狭い地域のほうがラストリゾート機能に対する評判は大きいともいえる。特に、企業を救済しなかった場合に、銀行の悪評は地域が限定されているだけにメインバンクの地域金融機関には大きな打撃であろう。

メインバンクは借り手の行動を監視し、他の銀行に伝達する役割、すなわち委託されたモニターの役割（delegated monitor）の役割を担っていたとする考え方がある。しかし、地域金融機関では協調融資ということはあまり見られない。

地域金融機関の行員は足で自行のために情報を集め、自行独自の審査判断を重視し、メインバンクがモニターを委託されているようには見えない。

メインバンクの定型化された事実もCシステムについて述べられていることが多い。この定型化された事実を前提としてその機能を経済的に分析しようとしたものには以下がある。

①リスク・シェアリング仮説

メインバンクによる取引先企業の直面するリスクの分担機能を重視する考え方である。具体的には、好況・不況に応じて、メインバンクが金利負担を調整してゆくという考え方である。

堀内（1987）は、次のようにリスク・シェアリング仮説の問題点を指摘している。我が国の企業がメインバンクから調達している借入金は、全借入金の3分の1程度にすぎず、メインバンクとの間にリスク・シェアリング契約を結ぶことができるとしても、それが企業の経営業績の安定にどの程度結びつくかは疑問である。

さらに実証分析においては、リスク・シェアリング仮説が示すように、銀行と企業の間の「暗黙の契約」によって利子率が調整されているような事実は見受けられないとしている。

おそらく、金融実務家もリスク・シェアリング仮説の現象が大手銀行と大企業の間で実際に起きているとは支持しないであろう。

②委託されたモニターの役割

メインバンクは借り手の行動を他の銀行に代わって監視し、他の銀行にその情報をシグナルとして伝達する役割、すなわち委託されたモニターの役割を担っているとする考え方である。これにより、審査・モニタリング費用を節約することができるとする考え方である。

この考え方は筆者には、机上の空論に思える。銀行どうしは競合関係にあり、メインバンクが競合関係にある他の銀行のためにモニタリングを行うことは到底、想定することができない。しかし、企業へのメインバンク担当者訪問の回数が減少するなどメインバンクの消極的な動向を見て、他の銀行が取引先企業の危険な兆候に気がつき、いち早く撤退方針に切り替えるなどの行動はありうるであろう。

③企業経営権の支配

Sheard (1989)では、メインバンク制は、敵対的な企業買収のメカニズムに代わって企業経営者をモニターし、規律を与える役割を果たしているとした。

上記①②③はCシステムにおいては、各々検討に値するであろうが、Rシステムにおいては適用できるようには思えない。

①のリスク・シェアリング仮説は、地域金融機関と中小企業の実証分析を行った加納（1996、1998）では支持される結果ではなかった。

②の情報生産を重視する機能については、一般的に中小企業では大きなプロジェクトは少なく、一つのプロジェクトは一行の融資で対応できることが多い。カウベル効果を中小企業の融資において地域金融機関に期待することは実体にあわない。

地域金融機関の職員は「足で稼ぐ」営業や情報収集を、しのぎを削って行っている。融資情報をメインバンクに頼ることはあり得ない。

③のメインバンクは安定株主として企業経営権の安定化に協力しているという考え方があるが、中小企業は同族企業が多く、株式の持ち合いはあまり見られない。

これまで指摘されてきたCシステムにおけるメインバンク機能は以上のように地域金融機関と中小企業には適用できず、Rシステムには別の視点が必要である。

Rシステムにリスク・シェアリングがあるとは思えないが、中小企業が本来負担すべきコストをメインバンクに転嫁していることもあると考えられる。

メインバンクの地域金融機関が行う集金、両替用の硬貨を届けるなどの銀行外交員の業務のみならず、中小企業の人材不足を補う銀行からの人材派遣、経営相談、オーナーの相続・事業承継対策など様々な案件をメインバンクに依頼し、メインバンクの地域金融機関から便益を受けていると考えられる。

この便益の中には、資金調達のアベイラビリティ、低利での優遇された借入、救済融資（ラストリゾート機能）への期待も含まれている。

これらメインバンクの地域金融機関から取引中小企業が受ける便益に対して、中小企業はメインバンクからオーナーファミリーの取引まで含めたトータルな取引を暗黙的に要求される。

このようなメインバンクと取引することにより企業に派生するコストは、クラブ会費と呼ぶことができるであろう。Rシステムは地縁、血縁的な狭い地域の中で形成された暗黙契約という意味で、一種のクラブと呼ぶにふさわしいであろう。

Rシステテムはメインバンクと中小企業の双方がコストを払い、相互に様々な便益を期待するものである。Rシステムに入ることは一種のクラブに加入することを意味する。中小企業は、そこでそのクラブ（Rシステム）から得る便益に対して会費を支払うのである。

Rシステムの長期継続的な関係を告発のメカニズムとゲーム理論の観点から考えてみよう。

顧客ニーズの伝達手段として継続的な顧客関係を通じて顧客の声を伝えていく告発のメカニズム（voice）と、顧客が自らの市場から離れていってしまう脅威にさらされることにより顧客ニーズが伝えられる退出のメカニズム（exit）がある。

限定された地域の中で営業を行う地域金融機関にとっては、退出のメカニズムよりも告発のメカニズムが強く働くといえよう。地域金融機関は営業基盤であるその地域から退出することはできない。顧客の中小企業も同様である。したがって顧客の中小企業は地域金融機関と固定的・長期継続的な関係を結び、様々な要求をメインバンクである地域金融機関に要求することになる。

たとえば、メインバンクであるA行よりも貸出金利の低いB行で借入を行うのではなく、A行に対して、B行が提示した貸出金利の情報を伝え、A行の貸出金利を引き下げるのである。地域金融機関にとってもメイン先企業を失いたくないという誘因が働くのである。

繰り返しゲームを行う際、双方が協調的な戦略をとるというゲームの解が成立する。これは大手銀行と大企業のCシステムの場合も同じであるが、閉鎖的な地域における、同じ取引相手と継続的取引を行うというゲームのほうが、より安定的・協力的な関係が望まれる。

一般に人の移動が少ない地域の共同体においては、地縁・血縁・同窓生等多くの結びつきがある。Rシステムにおいても地域金融機関と中小企業の各々構成する人と人の間には、やはり、このような関係が見られ、それはCシステムよりも顕著であると思われる。

また、これは評判（reputation）にもつながる。限られた地域内での評判は、すぐに伝達され、今後の取引にも影響してくるため、地域金融機関も中小企業も悪い評判を恐れ、とりあえず現状のシステムを維持しようとするインセンティブが働くことになる。

これが地域金融機関と中小企業の長期的なメインバンク関係（Rシステム）を生むことになる。地域金融機関と中小企業の共生関係（Rシステム）が見出され、Cシステムには見られないものである。

なお、バブルが崩壊し、不良債権問題がクローズアップされた2000年代初頭、官界にリレーションシップバンキング（リレバン）、学会にリレーションシップ貸出の潮流が起き、地域金融機関と中小企業の関係は、実態が大きく変わったわけではないが、上述のRシステムとは異なる見方がされるようになった。

3．護送船団方式

メインバンクシステムの時代では護送船団方式と呼ばれる金融行政が行われていた。大蔵省を中心とした金融行政である。大蔵省の英訳はMinistry of Financeであるため略してMOFと呼ばれた。

現在、大蔵省はなくなり金融庁がある。英訳は同じMOFである。護送船団の本来の意味は、戦時中、民間の商船を武装した軍艦が守りながら一団で船を進めてゆく意である。むろんこれは比喩である。軍艦は大蔵省、数多くの商船は銀行のことである。

一団となって軍艦（大蔵省）に守られながら（規制を受けながら）、商船（銀行）は進行方向へむかって進んでゆく。商船（銀行）が脱落しないように進むスピードはもっとも遅い商船（銀行）の速度（経営能力）にあわせる。従って商船（銀行）どうしが競争するなどということは厳禁である。

この時代は銀行不倒神話があった。銀行を倒産させないためには銀行どうしが競争しないことである。競争制限されていたので、預金金利はどの銀行も同じであったし、銀行店舗の新たな出店に対しても厳しい規制があった。

護送船団方式では早いスピードを出せる船も軍艦の見守りで枠にはまった動きしかとれず速度を落として航行した。そのため体力のある銀行はレント（超過利潤）を手に入れることができた。しかし、国際的な競争力を身につけることができなかった。

地域の金融システムでは、地方銀行は一県一行主義がとられ、市場が分断されていた。参入規制、業務分野規制、金利規制など様々な競争制限的な政策が行われていた。

高度経済成長時代の金融システムはメインバンクシステム（メインバンク制度）である。システムや制度と呼ばれるが、暗黙契約であって明示契約ではない。商慣行といったほうがよいかもしれない。

メインバンクの概念についても正確な定義はない。企業に対してもっとも影響力のある主たる銀行とされ、具体的には、取引銀行の中で貸出額が最大の銀行、決済口座を持つ銀行、様々な取引をしている銀行、株式の持ち合いをしている銀行、銀行員が派遣されている銀行などをさす。

株式持ち合いとはメインバンクが取引先企業の株式を所有し、企業もメインバンクの株式を所有することをいう。敵対的買収から企業を守るための措置である。

メインバンクは企業と長期継続的関係にあり、高度経済成長期に旺盛な企業の投資意欲を支えるためにはメインバンク関係が企業にとって重要であった。
　また企業が窮地に陥った際にはメインバンクによる救済融資が期待された。また終身雇用や年功序列賃金を特色とする日本的経営はメインバンクシステムと制度的補完の関係であったといえよう。長期継続的関係は日本の経済システムの特徴の一つであった。
　護送船団方式の時代は競争を制限されていました。なぜ銀行は競争を制限されていたのだろうか。銀行には決済機能という機能がある。銀行に預金があるということは決済手段があることになる。
　決済とは、経済取引で発生した債権・債務を対価の支払いによって完了させることである。コンビニで500円の弁当を買って500円の現金を払うことは経済用語では決済ということになる。現金で支払うだけが決済ではない。
　銀行の預金から電気代や携帯電話の料金が口座振替で引き落としになること、クレジットカードの料金が引き落としになることもすべて決済という。
　これらは、家計の身近な例であるが、企業では手形・小切手の支払いが当座預金から行われている。一部の銀行が経営破綻し支払決済機能が滞ると他の銀行に波及し支払機能全体が麻痺する危険性（システミック・リスク）が生じる。
　例え話をしよう。病気はどんな病も嫌である。死に至る恐い病もある。病気の分類の仕方は様々な方法があるが、その一つが伝染するか否かである。伝染するというのは特別な意味を持つ。死亡被害が著しい広域な病気の流行をパンデミックといい、大変危険な状況をさす。経済社会でも同様に連鎖倒産が起きるなど銀行の経営破綻は深刻な影響を与えることが危惧される。
　システミック・リスクを防ぎ、支払決済システムを円滑に機能させることが銀行・企業・経済社会全体にとって大切となる。このため信用秩序の維持を目的として銀行を規制する政策がある。これをプルーデンス政策という。高度経済成長期には大蔵省や日本銀行など監督当局が競争制限的な規制を行った。これを護送船団方式という。

①新規参入規制

金融業へ新たに参入するには大蔵大臣の免許が必要である。個々の金融機関の倒産を防ぎ、金融業界を保護し安定性を確保することができる。しかし、新規参入規制は金融業を寡占化し、高い価格や利潤という顧客にとっては望ましく結果をもたらすことがある。

②業務分野規制

金融業の内部をいくつかの分野に分けて兼業を禁止してきた。銀行・証券・保険は兼業が禁止されていた。この規制は、新規参入規制の一つとも考えられる。銀行が他の業務（証券・保険）を兼ねることは経営健全性の観点からも問題があったからである。

業務分野規制には利益相反を防止する機能もある。複数の業務を営む金融機関は顧客間の利害が相反する事態に直面した場合、その利害を操作するおそれがある。利害を操作するのを防止するのは小口投資家保護や不正防止という効果がある。しかし、銀行が保険業や証券業を営めばワン・ストップ・ショッピングにより、銀行は効率的な経営が可能になる。顧客にとっても利便性が高くなる。これを範囲の経済性という。業務分野規制と範囲の経済性はトレードオフの関係にあるといえる。

③価格競争規制

銀行業の預金金利規制がこれに該当する。価格競争を制限し、金融機関の倒産を防ぎ信用秩序の安定を図ることを目的とする。銀行の預金金利については 1947 年の臨時金利調整法によって大枠が決められ、日本銀行がガイドラインという形で上限を決めてきた。

貸出金利については、優良企業に対するプライムレート（最優遇貸出金利）と一般企業に対する上限が銀行業界の自主規制金利として存在していた。

④非価格競争規制

店舗の増設・配置、景品、広告、営業日、営業時間（銀行店舗を開店している時間）こういったことに対して横並び体質があった。

第１０章　金融自由化

１．高度成長期の金融の特徴

高度成長期の金融システムの特徴を３つ挙げてみよう。

①資金循環

高度成長期に、企業は活発な設備投資を行った。内部留保ではまかないきれない旺盛な資金需要があった。そのため、資金循環において主たる赤字部門は企業で、逆に黒字部門は家計であった。

1973年に高度経済成長が終焉を迎えると、主たる赤字部門は企業から公共部門へ変わってゆく。

②間接金融

高度成長期の日本の金融シテムは間接金融優位の時代であった。この時代の資金の流れは、上記①でも述べたように、家計の貯蓄の多くを銀行が吸い上げ、銀行預金とし、銀行はその預金をもとに企業に貸出を行った。

銀行貸出が金融システムの中心であり、メインバンクシステムという暗黙契約の制度も活発だった時代である。

③競争制限的な規制

銀行は金融監督当局（大蔵省、日本銀行）の管轄下に置かれ、競争をしない協調的な横並び体質が求められた。護送船団方式と呼ばれる金融行政のもと、競争は制限されていた。

これらが高度成長期の金融システムの特徴であった。1973年には第１時石油ショックが発生し、不況にみまわれた。その後、かつてのような高い成長率を維持することはできず、日本経済は低成長の時代に入る。一時的なものではなく、構造的な変化が日本に起きたのである。金融システムにおいても変化が生じた。これが「金融自由化」と呼ばれる潮流である。

政府規制の緩和や改革のことを経済学では「規制緩和」といい、英語では deregulation という。しかし金融の世界では「規制緩和」ではなく、「自由化」という用語を用いるのが一般的である。

2．高度成長後の金融自由化の要因

高度成長後の金融自由化がなぜ起きたのだろうか。その要因は二つのコクサイ化と称される現象にある。

①国債化

石油ショック後に起きた不況対策として国債の大量発行が行われた。金融の赤字部門が高度成長時代は主に企業であったのが、政府部門に移行したゆえんである。

国債の市中売却制限を設けて、高度成長期の金融システムを変化させない措置がとられたが、国債の発行量が日本銀行の買取可能な額を超えると、市中売却制限は撤廃された。国債の発行市場の自由化と流通市場の形成が進行した。

自由金利市場が起きると「銀行離れ」が進むことになる。銀行離れに歯止めをかけるためには、銀行は預金金利を自由化せざるをえなくなる。

②国際化

1980年代の金融自由化の流れは日本だけではなく、世界の潮流であった。この背景には資本主義諸国が戦後、安定した経済状況にあり、規制に対する考え方が次第に変化してきたことがある。

そもそも金融規制というものは、戦前の金融恐慌の教訓から生まれてきたものである。むしろ規制により非効率のほうが目立つようになってきていたのである。

グローバル化に拍車をかけたのは、ITの発達である。ITは金融の取引コストを大幅にダウンさせる効果があった。

たとえて言うならば、海で泳ぐのは危険だからと、小さなプールで泳がせていた。しかもお互いが衝突すると溺れるかもしれないと危惧した。水難事故を防ぐために、泳者は競争しないようにと監督者が泳者の手足を縛った。

しかし時代が変わり、容赦なくグローバル化やIT化という大海原の波が押し寄せてきた。そうであれば、手足の枷を解き放ち、むしろ泳力を高めたほうが安全に生きのびる方策になり、経済社会全体にとっても効率的になるということだ。

３．金融自由化の具体的な動き

①債券市場

高度成長期後の不況対策として大量の国債発行が行われたのを機に、国債の発行市場の自由化と流通市場の形成が進行した。

②短期金融市場

新たに作られた市場には以下のようなものがある。

手形売買市場（1971年）、東京ドルコール市場（1972年）、外貨預金市場（1978年）、CD市場（1979年）、円建てBA市場（1985年）、東京オフショア市場（1986年）、CP市場（1987年）。

また以前からあったコール市場は建値制（たてねせい）が廃止され、金利が自由化された。

③預金金利の自由化

1985年にMMCと大口定期預金が導入され金利の自由化がスタートした。その後、それらの預金のロットを順次引き下げ、1993年には300万円未満の小口定期性預金と定額郵便貯金に関しても自由金利となった。

1994年には流動性預貯金の金利も自由化され、これで完全に預金金利は自由化されることになった。

④業務分野規制の緩和

金融業は、銀行、証券、保険の3分野に分けられ、それぞれ他の分野の業務は禁じられていた。さらに銀行は「長短分離」の規制により長期資金の提供を行うのは長期信用銀行と信託銀行であり、短期資金の供給は普通銀行とされた。

だが、この規制は形骸化していた。高度経済成長期が終焉を迎え、低成長期には普通銀行である都市銀行（現在はメガバンクと称する）が長期資金の貸出は増加してきた。

業務分野規制は 1980 年代末から金融制度調査会で検討が開始され、業態別子会社による相互乗り入れがされるようになった。

4．金融ビッグバン

護送船団方式でわが国は金融行政を行ってきたため、日本の銀行は国際的な競争力をつけることができなかった。東京は国際的な金融市場ではなく、むしろアジアの他の都市のほうが活発であった。

そこでイギリスの金融大改革を参考にして打ち出された金融システムの改革が日本版金融ビッグバンである。1996 年橋本内閣により行われた。大規模な金融制度改革は宇宙開闢にちなんでビッグバンと呼ばれている。

ビッグバンの 3 原則は free：市場原理が働く自由な市場、fair：透明で信頼できる市場、global：国際的な市場、である。

証券市場、銀行、保険、外国為替分野の自由化、企業会計制度、金融関連税制など多岐にわたる。2001 年までに完了するスケジュールで開始された。

具体的な内容として株式委託手数料の自由化、投資者保護基金や保険契約者保護機構の創設、各業態の相互参入に関する規制緩和・撤廃などがある。

第１１章　バブル

１．バブルとは何か

株式や土地などの価格は、実際の取引で成立する価格である市場価格と理論的に求められる理論価格がある。株式は企業の収益率から、地価は土地が生み出す収益率から理論価格を算出することができる。

この理論価格はファンダメンタルズ価格とも呼ばれる。ファンダメンタルズとは基礎的条件のことをいう。市場価格と理論価格に大きな乖離があることをバブルという。日本では、1980 年代後半に地価や株価が高騰し、1991 年に暴落した時期の現象をさす。

若い世代にとっては、高度経済成長期もバブル期も生まれる以前の話なので、実際に体験しておらず、両者を混同する者がいるのもやむを得ないのかもしれない。しかし、両者は時期が異なるだけではなく、経済学的な性質は全く違うので留意されたい。

２．バブル前夜

アメリカは 1970 年代スタグフレーションに陥った。スタグフレーションとは高い失業率と高い物価上昇率が併存する経済状態をいう。

景気停滞を意味するスタグネーションという言葉と持続的な物価上昇を意味するインフレーションという語が合成されてできた語である。

このスタグフレーション対策のため 1981 年にレーガノミックス

が導入された。レーガノミックスと称される規制緩和、金融引き締め、大幅減税、軍事支出以外の歳出削減を行った。しかし、ソ連との軍事拡大競争が起き、その結果、軍事支出は増加した。

インフレが終息し、景気は回復したが、巨額の財政赤字、高金利、貯蓄不足を招き、外国からの巨額の資本流入とドル高をもたらした。その結果、巨大な経常収支赤字を抱えることになった。なお巨額の財政赤字と財政収支赤字が併存している状態を「双子の赤字」という。

双子の赤字の状態でのドル高・高金利は、世界経済の不安材料となり、1985 年（昭和 60 年）9 月、ニューヨークのプラザホテルにおいて、先進 5 か国の蔵相・中央銀行総裁が集まり(G5)、先進国の協調介入によるドル高是正、アメリカの高金利の引き下げが求められた。これをプラザ合意とよぶ。

プラザ合意以降、急速に円高が進み、輸出企業は円高により輸出不振になった。企業も消費者も先行きに不安感をもち、企業は設備投資を、消費者は消費を控えた。その結果、1985 年 6 月から景気は下降し、「円高不況」になった。

円高不況に対して、内需主導の成長をめざした。この不況対策には金融政策と財政政策が用いられた。プラザ合意以降の異常ともいえる円高は、日本にとって初めての経験であり、輸出低迷による大不況が懸念された。そのため大掛かりな経済政策が実施されることになった。

財政政策としては、公共事業を中心とする 6 兆円の総合景気対策が 1986 年 4 月に行われた。

金融政策は、公定歩合引き下げの手法が用いられた。1986 年以降、約 1 年間で、公定歩合が 5 回引き下げられ、1987 年には 2 月には、2.5%という当時としては史上もっとも低い公定歩合となった。

公定歩合を引き下げることにより、マネーサプライが増加し、企業の設備投資が活発化し景気が回復するというのが、金融論の教科書的な公定歩合の説明である。

しかし、当時、増加したマネーは、企業の本業ではない株式投資や転売を目的とした土地購入資金に充当された。当時、このような現象は財テクと呼ばれた。この結果、株価や地価は右肩上がりとなった。

この背景には、日本の土地は決して値下がりしない、土地を所有していて損をすることはない、という日本の土地神話があろう。

3．バブル発生の背景と要因

さて、このようなバブルはなぜ起きたのだろうか。バブル発生の背景や要因を考えてみよう。

①最初は正当な理由で資産価格が上昇したと思われ、人々にバブルという認識がなかったことがある。なぜならば1987年以降、企業収益が大幅に増益を続け、株価が上昇していた。また情報化、国際化の流れの中で東京のオフィスビル需要が増加し、地価が上昇していた。金融緩和のもと、金利は低下し、資産価格が上昇していたのである。

②資産価格上昇期待が土地・株式の需要を生み出し、株価・地価を上昇させた。地価・株価の上昇はさらに上昇期待を喚起した。

③銀行は不動産を担保にした貸出を積極的に行った。この背景には土地神話があるだろう。また、そもそも日本は間接金融中心の金融システムであり、メインバンク制度があったことも要因であろう。

メインバンク制度は高度経済成長時代には有効に機能したといえるが、1980年代後半にはバブルを起こした背景の一つともいえよう。

④プラザ合意以降に発生した円高経済政策が不適切であったと考えられる。円高不況が短期間で終わることを予測できず、2年4カ月にわたり超低金利政策をおこなったことや公共事業の大規模な財政政策などは適切だったとは言い難い。

4．バブルの影響

バブルをプラスに評価する見解は少ないであろう。しかし、バブルは1980年代後半の日本経済の成長率を高めたのも事実だ。日本経済はバブル時代に、どのような経路をたどって成長率を高めたのであろうか。その経路を企業の設備投資と家計の消費から考えてみよう。

日本は間接金融が優位の金融システムであり、また銀行は通常、設備資金、長期資金に関しては不動産を担保にする貸出を行っていた。このため不動産価格が上昇すると担保価値を高めることになる。

担保価値が上がれば、銀行からの借入は容易になり、設備投資を活発化させた。この投資の中には企業の本業の設備投資のみならず、営業外の投機的な案件も含まれ、転売目的の株式取得や海外の高級リゾートマンションへの投資などである。投資というよりも投機といったほうが適切かもしれない。

個人に関しても企業と同様の動きが見られた。不動産価格が上昇すれば、担保価値を高まる。このことは銀行からの借入を容易にし、住宅投資を活発化させた。またマイホームのみならず別荘購入の動きも起き、通常であれば、購入しないような高級品・嗜好品の消費もバブル時代には増加した。

資産価値が上昇すると、価値の上がった資産を持つ消費者は支出を増加させる傾向がある。キャピタルゲイン（株の売却益）で高級品を買うことができた時代である。

資産価値が上昇すると消費の需要を刺激する効果がある。このような現象を資産効果という。バブル時代にはベンツ、シーマのような高級車が売れ、ゴッホの高価な絵画が輸入されたりした。

またバブル時代には、税収が増加し、財政収支が好転した。輸入が増加し、経常収支の黒字が減少した。雇用情勢が好転し、失業率が低下し、有効求人倍率が上昇した。バブル末期は人手不足で、「人手不足倒産」も起きたくらいである。

問題は、こういった状況が持続的ではないということだ。

５．バブル崩壊

バブル時代、人々は経済の先行きに楽観的な見方をした。

銀行は不動産を担保にして巨額の貸出を行った。企業は生産・雇用を拡大した。企業は商業用不動産の投資や海外投資を拡大させ、家計も大型消費や住宅投資を行った。日本中がバブル景気にわいた。

しかし、このような状態は長続きしなかった。株価は 1989 年 12 月に、地価は 1990 年に最高値をつけ、その後、暴落した。

日本銀行は、バブル期にも超低金利の政策を続けていたが、1990 年に政策を変換し、公定歩合を急に引き上げ金融を引き締めた。また大蔵省（現在の財務省）は地価上昇を抑えるために銀行の不動産向け貸出に対して総量規制を行った。こうした経済政策の転換も影響し、バブル崩壊が始まった。

資産価格の低下は消費、住宅投資、設備投資を抑制する。バブル期に企業も家計もバランスシートの資産・負債を両建てで急増させていったが、バブル崩壊で資産価格が下落し、過剰な債務が残り、バランスシートが悪化した。

バブル崩壊により、5～6%であった経済成長率は低下し、1990 年代前半の平均成長率は 1.5%となり､後半は 1.0%と急速に低下した。

雇用情勢は悪化し、終身雇用制が崩壊し、失業率が増加した。またバブル期の財政は黒字であったが、バブル崩壊後、税収入も下落し、景気対策で財政支出が増加したため、財政は赤字に転じた。
銀行の貸出残高は 1990 年代には伸びが低下した。銀行は不良債権を抱え、金融の資金仲介機能が麻痺した。

1997 年には北海道拓殖銀行などの金融機関が破たんし、間接金融中心の日本の金融システムの脆弱さが露呈されることになった。

バブル後の景気の悪化は、バブル時代の逆の流れで起きた。すなわち、資産の減少は家計の消費を抑制した。またバブル期の消費増加の反動が出た。地価の下落は担保価値の下落につながり、企業の設備投資や個人の住宅建設を抑制した。株価の下落はワラント債の発行を困難にし、企業の設備投資を抑制した。

バブル期に株式や不動産などの購入を企業は積極的に行った。その結果、資産と負債が両建てで増加した。バブル崩壊によって資産価格は下落した。しかし負債は減少することはない。つまり資産に対して負債が上昇することになる。これがバランスシート調整問題である。金融機関の不良債権問題もその一つであり、金融仲介機能を麻痺させる原因となった。

バブル崩壊後の日本には三つの過剰が生じたとされる。すなわち債務の過剰、設備の過剰、雇用の過剰だ。債務の過剰と設備の過剰はバランスシート調整問題もいえる。バブル期は人手不足で、企業は大量に雇用した。しかし、バブル崩壊後は過剰雇用となった。

6．平成不況と不良債権問題

不況になれば企業倒産が増えるのは常であるが、平成不況はそれだけではなかった。企業倒産が銀行の不良債権を増加させ、銀行は新規の貸出を行うことが困難になった。いわゆる、この時代に頻繁に用いられた「貸し渋り」という現象である。

企業倒産の増加が銀行の不良債権を発生させ、銀行の貸出姿勢が消極的になり、企業は資金調達が困難になり、その結果、企業は倒産するという負の連鎖（スパイラル現象）が続いた。

平成不況はバブルが崩壊し、地価の暴落が引き金になった。日本の銀行は伝統的に不動産を担保とする貸出を行ってきたが、地価の下落で不動産担保を換金化して貸出を回収することが困難な状況になった。

このことが不良債権を累積させ、平成不況を深刻にさせた。

平成不況の金融政策 1991 年に公定歩合を 6%から 5.5%に引き下げ、その後、次々と引き下げ 1995 年には 0.5%という市場最低の水準になった。1999 年 3 月にはゼロ金利政策を行い、コールレートを 0.03%以下の水準に誘導した。この世界史上、例のない政策は 2000 年 7 月まで続いた。

7. 金融危機

不良債権問題で巨大銀行の倒産が相次いで発生した。1997年には北海道拓殖銀行（総資産約11兆円）、1998年には日本長期信用銀行（総資産26兆円）、日本債券信用銀行（総資産13兆円）が破綻した。この他、兵庫、太平洋、阪和、京都共栄、徳陽シティ、国民、幸福、東京相和、なみはや、新潟中央銀行などの銀行が破綻した。

証券会社では山一、三洋証券などが破綻した。2000年になってからは、第百、大正、千代田、協栄生命など生命保険会社の破綻が続いた。

かつては存在した「銀行不倒神話」は完全に崩れた。こうしてバブル崩壊後、「失われた10年」「失われた20年」と呼ばれる時代を招いた。中には「失われた30年」という識者もいる。

さらにバブル崩壊にともない日本的雇用システム、日本的企業システム、日本の規制体系、日本の金融システムなどの問題点が浮上してきたのである。

第１２章　リーマンショックとバーゼルⅢ

2007 年 8 月に米国でサブプライムローン問題が浮上し、世界金融危機を起こした。100 年に 1 度の危機と言われた。

１．サブプライムローン

世界金融危機の前、10 年ほどは IT や金利低下の影響で欧米の経済は景気拡大し、インフレ率は安定していた。このような中で米国の住宅価格は高騰した。

サブプライムローンとは信用力の低い低所得者向けの住宅ローンのことをいう。米国のサブプライムローンは 1990 年代以降、急成長した。急成長の背景には、次のような要因が考えられる。

①2001 年から 2003 年にかけての金融緩和を背景に住宅バブルが発生し、右肩上がりの住宅価格が永続するという誤解が生じたこと。

②証券化技術の発達により、サブプライムローンを担保にした証券やそれを組み込んだ金融商品に高い格付けが付与されたため、そういった金融商品への投資に拍車がかかり、金融システムにリスクが蓄積されていったこと。

③低所得者層の持ち家取得の促進を図る政府の方針に呼応して、米国の金融機関が積極的にサブプライム住宅ローンを推進したこと。

しかし、その後住宅価格の下落が始まり、住宅を売却して住宅ローンを返済することが難しくなり、2006 年後半以降、サブプライム住宅ローンは延滞が目立ち始めた。

2007年の夏以降、サブプライム住宅ローンの証券化商品の価格は下がり、金融機関も多額の損失が発生した。金融機関はリスク資産を売却してバランスシートを適正化しようとしたため、リスク資産の価格はさらに下落した。

2．世界金融危機　（後に「100年に一度の危機」とも呼ばれる）

こうした中、2008年3月にベア・スターンズは実質的に経営破綻し、その後救済合併された。2008年9月にはリーマン・ブラザーズ証券が破綻した。欧米の短期金融市場は機能不全の状態に陥った。

金融バブルの崩壊は実体経済にも影響を及ぼし、世界経済にも大きく響きリーマンショックと呼ばれた。

米国の不動産価格の下落はヨーロッパにも波及した。スペインやアイルランドで住宅価格が大幅に下落した。これらの国では金融機関に対して公的資金の注入が行われ、財政赤字が大幅に増加した。

ギリシャに大きな財政赤字があったことも判明し、欧州で政府債務に対する信用不安が生じた。

3．対策と回復

欧米諸国は金融機関に対する公的資金の注入、銀行預金・銀行債務の保護、金融緩和などの政策により金融危機対策を行った。

2008年11月、世界金融危機に対処するためにワシントンでG20サミットが開催された。G20では、金融規制・監督のあり方の見直しや、世界的な経常収支不均衡の調整のあり方について検討された。

新たな金融規制の枠組みとしてバーゼルⅢに取り組まれることになった。また米国ではボルカー・ルールが導入され、商業銀行に対するヘッジファンド等への出資の禁止や、自己資金による高リスク商品への投資を制限した。

2009年G20首脳会議で世界の主要な経常収支赤字国と黒字国が協調して対応する枠組みが合意され、目標の達成を多国間で監視するためにG20相互評価プロセスが立ちあげられた。

回復に転じたのがもっとも早いのは新興国だった。2010 年代になると米国の景気回復が進み、2013 年から欧州経済も回復に向かった。2017 年には先進国、新興国ともに成長率が高まった。

4．プロシクリカリティ

景気変動により金融機関の自己資本や債権の担保となる資産価値が大きく変動し、金融機関の信用創造機能が増幅される傾向をさし、景気循環増幅効果とも呼ばれる。

リーマンショックによる世界金融危機に対する金融規制・監督のあり方の見直しとして G20 での論点となった。

バーゼルⅡでは、常に国際的な最低基準である 8%が課せられている。景気低迷時には増資により分子の自己資本を増やすか、分母のリスクアセットを減少させることが必要になる。

しかし分母の貸出を抑制することはかえって景気を悪化させることにつながる。そこでバーゼルⅢが導入されることになった。

5．バーゼルⅢ

バーゼル合意とは、バーゼル銀行監督委員会が公表している国際的に活動する銀行の自己資本比率などに関する国際統一基準である。バーゼル銀行監督委員会の事務局はスイスのバーゼルにある国際決済銀行（BIS）の中にある。そのため、日本では自己資本比率規制とか BIS 規制とも呼ばれる。

バーゼルⅠは 1988 年に策定され、2004 年改定されてバーゼルⅡとなった。

バーゼル銀行監督委員会はリーマンショック後の G20 を受けてバーゼルⅡの見直しを行い、2010 年にバーゼルⅢとして合意された。

バーゼルⅢでは、自己資本の定義を厳格化し、その水準を引き上げている。

中核的自己資本の Tier1 を「普通株式等 Tier1」と「その他 Tier1」に分ける。「普通株式等 Tier1」の必要最低水準は 4.5%、「その他 Tier1」

は 6.0%以上とすることを求めた。

またレバレッジ比率、流動性カバレッジ比率（LCR）、安定調達比率などの規制も新たに設けられた。

流動性カバレッジ比率（LCR）とは、ストレス時（景気後退期など）の資金繰りに対応できるように流動性の高い資産の保有を促進することを目的としている。

安定調達比率は、資産の運用と調達の期間のミスマッチを抑制することを目的とする。

なおバーゼルⅢでは、国際的な巨大銀行を G-SIFIs（Global Systemically Important Financial Institutions）として他の国際的な金融機関と区別し、より厳格な基準が求められる。

6．G-SIFIs

国際金融システム上、重要な金融機関を G-SIFIs（Global Systemically Important Financial Institutions）という。これを銀行に限定したものを G-SIBs(Global Systemically Important Banks)という。

2010 年 11 月に FSB(Financial Stability Board 金融安定理事会)は G-SIFIs に対して規制強化することを発表し、2011 年 11 月の G20 では、G-SIFIs に対して追加的な自己資本規制の強化を行うことで合意した。

G-SIBs に対しては 1.0～2.5%の上乗せした自己資本比率が求められている。

第Ⅲ部

銀　行

第１３章　銀行の業務

本章では銀行の業務を紹介したい。銀行の本業である固有業務は預金、貸付、為替の３つである。

１．預金

預金者から信用を受けてお金を預かる預金業務はもっとも身近な銀行業務であろう。銀行預金は期日の定めがあるか否かで要求払い預金（流動性預金）と定期性預金に大別される。

要求払い預金は預金者が望む時にはいつでも払い戻しに応じることを銀行が約束している。要求払い預金には普通預金、当座預金、貯蓄預金などがある。

普通預金は出し入れが自由な、いわば財布代わりの口座であり、電気・電話・ガス・水道などの公共料金やクレジットカードの決済などに持ちいられている。支払い口座のみならず、給料や年金の受け取り口座にも用いられている。

当座預金は、企業が小切手や手形の決済口座として用いる。当座預金には利息はつかないが、万一銀行が破綻しても預金保険制度によって、利息がつく預金とは別に全額保護される。

定期性預金は 1 年間、2 年間など払い戻し期日を定めたものである。かつては、預金金利は規制されていたが、1993 年 6 月からは定期性預金金利が自由化され、1994 年 10 月からは流動性預金金利も自由化されるようになった。現在では各銀行独自の預金金利が提示されている。

外貨預金と米ドル、ユーロなど外貨建ての預金をいう。預金金利に加えて、為替相場の変動による利益を期待することができる。しかし為替動向によっては差損が生ずるリスクもあるし、円と外貨の両替手数料も必要である。また預金保護制度の対象外の商品でもある。

2．融資

貸付は証書貸付、手形貸付、手形割引、当座貸越に分類できる。借り手側を中心に表現した場合、それぞれ証書借入、手形借入、手形割引、証書借入ということもある。

①証書貸付

もっとも一般的な方法であり、設備資金など長期の資金調達に用いられる。銀行と借り手は「金銭消費貸借契約書」を締結する。「金銭消費貸借契約書」には融資額、貸出金利、返済期間、返済方法などが記載されており、借り手が直筆署名捺印する。

実印を押印し、印鑑証明書も銀行に提出する。個人がマイホーム資金として借入する際の住宅ローンは通常この形式である。

②手形貸付

銀行に対して融資金額、返済期日を記した約束手形（単名手形）を差し入れて借りる方法。1年以内の短期資金の場合が多い。証書貸付に比して印紙税が安く、最初に銀行取引約定書を締結しておけば、借入の都度、印鑑証明書を提出する必要はない。

③当座貸越

企業は通常、当座預金で小切手や手形の決済を行う。当座預金の残高がゼロの状態で手形や小切手が回ってこれば不渡りになってしまう。

しかし事前に銀行と借り手企業との間で当座貸越契約を締結し、一定の限度額まで借入できる契約を結んでおけば、このような緊急事態に対処することができる。

返済は任意のときに当座預金に入金しておけばよい。貸越期間を計算して利息は後払いになる。企業にとっては利便性の高い借入方法である。

④手形割引

企業が商品を販売し代金を手形で貰うと受取手形という。受取手形は期日まで換金することができない。したがって、資金が必要な際、手形期日までの利息を支払い、手形を銀行に買い取ってもらうことで資金調達を行う方法を手形割引という。

たとえば 100 万円の手形があるとしよう。手形を受け取った企業は手形期日までにまだ 20 日間あるが、資金が必要だとしよう。その際、この 100 万円の手形を割引すれば資金が入手できる。

貸出金利を x%とすると、貸出利息は 100 万円×x%× $\frac{20}{365}$となる。

100 万円からこの貸出利息を引いた金額を借り手企業は手形を割り引くことにより入手することができる。実務では「手形を割る」ともいう。受取手形の多い企業には短期運転資金の調達方法として便利な手法である。

３．為替

為替とは振り込みや送金などのサービスのことで、遠隔地の取引先との決済が銀行の為替業務により可能になる。

為替には債務者が債権者に送金する並為替（送金為替）と、逆に債権者のほうから債務者に対して取り立てる逆為替（代金取立て）がある。

内国為替は債権者と債務者が同一国内にいる場合をさし、外国為替は異なる国の場合をいう。

為替は全銀システム（全国銀行データ通信システムの略称）で、銀行間の内国為替取引をリアルタイムで処理し、資金決済を行っている。

為替業務は銀行がまっさきにフィンテックの影響を受ける分野と考えられ、すでに銀行業界に振り込み料金引き下げの動きが見られる。

2020 年 8 月 5 日の読売新聞は次のように報道している。

「三菱ＵＦＪ、三井住友、みずほの３メガバンクとりそな銀行は、一定金額以下の個人間の振込手数料を引き下げる方針を固めた。国内銀行の振込手数料は高いとの指摘があり、政府は引き下げを求めていた。地方銀行なども参加できる仕組みとする見込みで、今後広がる可能性がある。(中略)

銀行が振り込み処理で従来用いてきた『全国銀行データ通信システム(全銀システム)』には、国内のほとんどの銀行や信用金庫、信用組合などが接続している。利用するたびに、3万円未満の場合は1件あたり117円、3万円以上の場合は同162円の手数料を送金する銀行が払う。公正取引委員会が(2020年)4月に発表した報告書は、銀行間手数料が40年以上変わっていないことを指摘した。

安倍首相は(2020年)6月の未来投資会議で『手数料の高さがキャッシュレス決済普及の障害となっている』と述べ、送金手数料の見直しを麻生金融相に指示していた。

銀行界は金融庁などと全銀システムの銀行間手数料の見直しに着手。これとは別に、少額決済での手数料の引き下げに向けては、スマホのアプリを使った簡易な送金システムを新たに構築することを検討する」

ペイペイやLINEペイなどでは無料で送金ができるという状況下、銀行側でも利便性が高いサービスを安く提供し、利用者を確保しておく必要がある。

4. 付随業務

固有業務以外で銀行が行っている業務のうち、銀行法で定められているものを付随業務という。債務の保証、手形の引き受け、有価証券の売買、有価証券の貸付、国債の引き受け、地方自治体の出納業務、金融デリバティブ取引などが銀行法10条2項で定められている。

5. 周辺業務

固有業務以外で銀行が行っている業務のうち、銀行法で定められていないものを周辺業務という。銀行本体では認められないが、子会社・関連会社で対応している業務である。

証券、保険、クレジットカード、リース、ベンチャーキャピタル、ファクタリング、信用保証、投資顧問などである。

6．銀行の支店と本部

銀行員が勤務する場所は大別すれば銀行の営業店と本部に分かれる。銀行の支店は顧客との接点の場所である。多くの窓口があるが、融資、外国為替、住宅ローン、資産運用など時間を要するサービスは椅子のあるローカウンターで行う。

一般的な預金の出入、税金支払などは椅子のないハイカウンターで行うのが普通である。ハイカウンターの窓口応対をする行員をテラーと呼ぶ。

かつては銀行の営業時間は原則9時から15時までと決められていたが、現在は地域の実情にあわせて営業時間が自由化されてきている。

本部は企画部門、審査部門、国際部門、市場部門、事務部門などに分かれており、銀行全体にかかわる業務を行っている。融資は営業店の支店長の権限で貸出を行うことができる権限枠があるが、その金額を超えると審査部の決裁が必要になる。

市場部門など専門性が高く、本部の行員だけで動き支店とあまりコンタクトのないセクションもある。今後人工知能やロボットの導入で銀行の組織は大きく変化してゆくことが予想される。

7．脱ノルマ

金融商品販売のノルマが社会問題になった契機は2018年の「カボチャの馬車」オーナーらの民事訴訟であろう。このシェアハウスの貸出にスルガ銀行行員も不正行為を行っていたことが発覚した。

また、ゆうちょ銀行の直営店で不適切販売があり、かんぽ生命では不適切な保険販売があった。これらは営業ノルマが原因とされる。

2018年にみずほ銀行が、2019年に三菱UFJ銀行と三井住友銀行がノルマを廃止すると発表した。今後は脱ノルマの中で、どのようにマネジメントを行うかが課題となる。また新型コロナでテレワークが増え、人事考課のあり方も大きく変わるだろう。

第１４章　メガバンクの業務

銀行に限らず、金融界の営業は個人を対象にしたリテール営業と法人を対象にしたホールセール営業に分けることができる。銀行の場合のリテール営業とホールセール営業の具体的な内容をみてみよう。

本章では主に大手銀行を前提とした話である。

１．リテール業務

主に個人及び個人事業主を対象にした業務である。住宅ローン、国債、投資信託、保険などの販売、資産運用、相続対策、事業承継の相談などである。

日本銀行調査統計局の「2020 年第 1 四半期の資金循環（速報）」によれば、日本の家計の金融資産の 2020 年 3 月末残高は 1,845 兆円もある。リテール営業は大きな可能性のある市場をもつといえよう。

ちなみに 1,845 兆円の内訳は、現金・預金 54.2%、債務証券 1.4%、投資信託 3.4%、株式等 9.6%、保険・年金・定型保証 28.4%、うち保険 20.1%、その他 2.9%となっている。

２．ホールセール業務

大企業や地方自治体、機関投資家などを対象とした業務をいう。預金、融資、従業員の給料振り込み、法人税の支払など多岐にわたる。

メガバンクでは、プロジェクトファイナンスやシンジケートローンなどの大きな案件も扱う。

プロジェクトファイナンスとは、企業があるプロジェクトにおける資金調達を行う際に、プロジェクト自体から生じるキャッシュフローをもとに資金を融資する方法である。

融資に対する返済の原資も、プロジェクトから発生するキャッシュフローに限られているため、事業を行う企業やスポンサーへの債務保証を求めないノンリコースローンとなっている。

日本はこれまで企業の信用力や担保の価値に依存するコーポレートファイナンスが中心であったが最近は新たな資金調達の手法として、プロジェクトファイナンスが導入され、事業リスクの分散を図る例が増えてきている。

プロジェクトファイナンスでは、大規模なプロジェクトを遂行するSPC を設立し、これを事業者として、企業やスポンサーから独立し、資金調達を行う例がある。

また、インフラなどの公共事業や公共的な要素の強い民間の事業について活用されることが多く、その場合は PFI 事業会社を設立することが多い。

PFI とは公共事業の実施において民間の資金やノウハウを活用する手法で Private Finance Initiative の略である。

プロジェクトファイナンスを行う借り手側のメリットは、従来のコーポ―レートファイナンスではリスクを負いきれない大規模な資金調達が可能になることと、もしプロジェクトからの返済が滞った場合も原則として返済義務を負わないという点にある。

貸し手側のメリットは、プロジェクトを事業主本体のリスクから切り離すことができることと、コーポレートファイナンスに比べ、高い貸出金利を期待することができる点がある。

三井住友銀行の HP では、石油・ガス・鉱物などの資源開発や鉄道・発電所などのインフラ整備、石油化学などのプラント建設など、国内外で行われる大規模な事業をプロジェクトファイナンスの例としてあげている。

シンジケートローンとは、資金調達ニーズに対し複数の金融機関が協調してシンジケート団を組成し、一つの融資契約書に基づき同一条件で融資を行う資金調達手法である。
参加金融機関をアレンジャーが募集する。設備投資資金のような長期資金の調達を行う場合のみならず、コミットメントラインのような短期融資枠の組成においても有効な手法とされる。

3．国際業務

ホールセール業務の中で、外国為替業務、海外進出支援、海外での資金調達などを国際業務という。
外国為替とは、為替手形や送金小切手などの信用によって決済する手段を指す。外国為替の他にも、外貨両替や為替予約、輸出入に伴う貿易手続き業務を行う。
海外の取引相手の情報や信用の担保の提供などを行うことで円滑に貿易取引が成立するように支援する。
海外進出支援とは企業が海外へ進出するにあたって様々な情報を提供したりサポートをしたりすることをさす。
たとえば、日系企業が海外拠点を設立する場合の情報である。また進出先の現地企業との提携・合弁会社の設立をする場合の情報提供、認可の手続きなどのアドバイス、サポートである。
また現地企業の買収という場合にはさらに高度なサポートが必要になろう。さらに現地での事業展開にはファイナンスの支援も必要になる。
みずほ銀行HPでは「法人のお客さま向け国際業務サービス」として①海外事業支援、②トランザクションバンキング、③金融プロダクツを活用したファイナンスをあげ、下記のように記されている。

「・海外事業支援
海外でのビジネスに関する情報提供から事業・財務戦略支援まで最適なソリューションと的確なコンサルティングを提供することで、海外事業展開をサポートしています。

・トランザクションバンキング
　みずほ銀行では、国際上の取引や決済も含めたお客さまの資金管理業務（トレジャリーサイクル）の課題に応える総合的なトランザクションバンキングサービスを提供します。
・金融プロダクツを活用したファイナンス
　みずほ銀行では、お客さまの経営戦略にあわせ、多様化する資金調達ニーズにオーダーメイド型での各種ソリューションをご提案いたします」

　三井住友銀行の HP では、「三井住友銀行は外国業務に関するさまざまなビジネスソリューションを提供しています」として①貿易取引、②海外事業支援、③海外でのサポートをあげ、次のように記載している。

「・貿易取引
弊行では海外との輸出・輸入取引をされているお客さまに対して、輸出手形の買取や信用状（LC）の発行を始めとする伝統的なサービスをご提供いたしております。加えて、海外の銀行の発行する LC の引受・確認や、輸出債権を遡求権無しで買い取るフォーフェイティング、LC なし輸出取引のリスクヘッジや回収代行サービスを提供する国際ファクタリング、貿易関係書類の電子化を始めとして外国為替取引をインターネット経由で行う Global e-Trade サービスや i-Deal、当行海外拠点にお持ちの口座に関する口座照会や資金移動を提供する SMAR&TS、E-Moneyger 等、お客さまのニーズに合わせた多様なメニューを用意しております。
・海外事業支援
　ビジネスのグローバリゼーションが進行する中、海外との取引や海外拠点の設立などが企業経営に不可欠な要素になっています。三井住友銀行では、世界に広がる拠点ネットワークと日本総合研究所を始めとするグループ企業の総合力を駆使して、多彩な金融サービスと豊富な経験に基づいたコンサルティングサービスでお客さまのニーズにお応えし国際化時代の企業戦略をサポートします」

また三菱 UFJ 銀行の HP では、「海外業務支援・海外財務アドバイザリーサービス」として次のように記載されている。
「お客さまが海外への進出計画を作成される段階から、蓄積された諸情報・豊富な経験に基づく的確なアドバイスを内外にてご提供します。会社設立手続き等については、お客さまのご依頼に基づいて、関連会社の三菱ＵＦＪリサーチ ＆ コンサルティング株式会社（ＭＵＲＣ）のご紹介も可能です。進出後の合併・分社化や、事業の効率化等も、安心のサポートを行います。
海外ビジネスの財務戦略について、(1) 海外支店ネットワークを生かした各国の規制・税制情報を活用し、(2) お客さまごとの事業展開にマッチする、(3) 最新の金融手法を駆使したテーラーメイドのベストソリューションを、国際業務部 海外ビジネスアドバイザリーグループにて提供させていただきます」

各行の HP に示されるようにメガバンクは様々な工夫をしながら国際業務を展開しようとしている。現在、新型コロナウイルスのショックで環境は厳しい。
たとえコロナショックがなかったと仮定しても、そもそも国内の環境は、マイナス金利政策による融資利鞘の低下で融資収益が低下している。そこへ、さらにスマホで取引の完結するネットバンキングやフィンテックの台頭でキャッシュレス決済が進めば、銀行の手数料収入も減ることになる。またバーゼルⅢの要請など課題は多い。
メガバンクは信託や証券などグループ総合力を生かした多面的なビジネスの強みを活かすことが必要であろう。また国際業務に活路を見出すことも重要な戦略と思われる。
翻って海外収益を期待できない地域金融には多くの課題がある。次章では地域金融について述べたい。

第１５章　地域金融と中小企業金融

新型コロナの影響で我々はリモートで働くことを学んだ。その結果、都心のオフィスへ満員電車に揺られてゆく必要性は減少した。ならば住む場所を都会に選ぶ必然性があるのか、ということを多くの人が考え始めるようになった。実際、地方への移住の動きが見られるようになった。

地方では空き家の問題がある。起業の際にこの空き家をうまく活用することは今後大いに検討されるべきであろう。「地域活性化」、「地方の時代」とか「地方創生」という言葉がしばしば使われてきた。

このような時代に地域金融機関の活躍する場面は多々あると思われる。対応する金融機関としては地域金融機関があるが、「地域金融」という概念には曖昧な要素も多い。

本章では「地域金融」「中小企業金融」という概念について考察してみよう。

1.　地域金融の概念

まず地域金融という概念について考えてみたい。

「地域金融」に明確な定義があるわけではないが、1990 年金融制度調査会の報告書『地域金融のあり方について』では、地域金融を「地域（国内のある限られた圏域）の住民、地元企業および地方公共団体等のニーズに対する金融サービス」と定義している。

地域金融とは地域＋金融と解釈することができるが、果たして地域の金融という概念が存在するのであろうか。そもそも経済学における完全競争市場では、多数の買手と多数の売手、生産資源の自由な移動、プレイヤーの自由な参入・自由な退出、完全な情報等が前提条件とされている。

カネは自由に流れることにより効率的な資源配分が達成できるのである。従って、特に規制されていない限りわが国の金融は全国市場であるはずであり、「地域」は存在しないことになる。株式市場がその例として思い浮かべることができるであろう。

それでは、銀行の貸出市場についてはどうであろうか。もし、銀行の貸出市場が全国市場であるならば、貸出金利に地域格差は生じ無いはずである。しかしながら、銀行実務家の間では、低金利の地域を指し示すものとして、「名古屋金利」、「京都金利」という言葉がしばしば用いられ、貸出金利が全国一律ではなく、名古屋のような貸出金利が顕著に低い地域が存在することは銀行関係者の間では常識とされている

加納（2003a）による業種別実効貸出金利の考察では、京都の製造業の貸出金利は、全国平均からの乖離幅は縮小してはいるが、全国平均よりも依然低く推移している。一方、他の業種の実効貸出金利では全国平均よりもかなり高い水準のものも存在することが明らかになった。

Kano and Tsutsui（2003a,b）は、わが国の貸出市場が分断されていることを示したものである。各銀行の貸出金利を、各県を表すダミー変数に回帰する方法とボンフェローニの多重比較で47都道府県の比較組み合わせを 1081 通り（${}_{47}C_{2}$＝1081）行い、貸出金利の水準を比較し、都道府県の貸出金利に有意な差があることを示した。

さらに、借り手、貸し手、市場、地域特性を考慮したモデルを構築し、借り手の質、地域の産業構成、貸出サイズ、中小企業向け貸出比率、銀行の規模、貸出需要、貸出供給、地域の競争状況を説明変数として貸出金利の分析を行い、信用金庫の貸出市場は県別に分断されており、地方銀行については、市場分断はあったとしても弱いものであることを示している。

このように、貸出市場は地域により分断されており、我々は間接金融において地域の金融というものを前提として議論する必要があるということになる。

2. 中小企業金融の概念

次に中小企業金融という概念を考えてみよう。これも明確な定義があるわけではないが、文字通り解釈するならば、中小企業に対する金融ということになる。

それでは中小企業とは何かということになるが、中小企業基本法では、資本金、従業員数によって業種ごとに中小企業を定義している。すなわち、卸売業では、資本金1億円以下または従業員100人以下、小売業では、5000万円以下または50人以下、サービス業では5000万円以下または100人以下、製造業その他では、3億円以下または300人以下である。

この定義に従うとわが国の99%以上の企業が中小企業ということになる。ただし、一般に中小企業という用語が使われる場合、必ずしも厳密にこの定義に従って使用しているとは限らず、大企業ではない企業、あるいは、資本市場で自由に資金調達することができない非公開の企業という漠然としたニュアンスで使用することも多い。

研究者が実証分析を行う場合には、資本金や従業員あるいは年商などで制限をかけて、サンプルを特定し、論文中で独自に「中小企業」と定義することもある。いずれにしても、情報の非対称性の度合いの大きい企業と言えよう。情報の非対称性とは借り手の状態について、借り手自身はよく知っているが、貸し手は借り手ほどには情報を所有していないことを指す。

中小企業に対する金融が問題となるのは、この情報の非対称性の度合が、中小企業は大企業よりも大きいという点にある。経済学における完全競争市場では、完全な情報等が前提条件とされているが、中小企業は不透明性が高く、完全な情報とは言いがたいのである。

地域金融と中小企業金融は異なる概念であるが、中小企業の多くは資本市場など全国市場で資金調達が困難であり、間接金融への依存度が非常に高く、結局のところ地域分断された貸出市場で資金調達せざるを得ないのが実情である。

地域における個人や地方公共団体に対する金融を除外し、企業に対する金融に限定して考えるならば、地域金融と中小企業金融には重なる部分も多い概念ということになる。

金融自由化の波が押し寄せるまで、わが国の銀行行政は護送船団方式と呼ばれ、銀行不倒神話が存在していた。金融が自由化していないため、どこの銀行もほぼ同質の商品の競争を行っていた。高度成長が終わり、安定成長の時代に入ると企業の資金需要が低迷し、また金融自由化の流れの中で、大企業は資本市場からの資金調達を進め、大企業の銀行離れが進むようになった。

それを補うために、都市銀行は中小企業に目を向けるようになったのである。そのため、地域金融機関も含めて中小企業への貸出競争が激化した。銀行間の貸出競争が激化し、一見、中小企業の資金地調達は円滑化したかのように見えても、常に中小企業は資金のアベイラビィリティの問題を抱えていた。

事実、その後 1980 年代後半のバブル、1991 年バブル崩壊、不良債権処理がわが国の重要な問題となるという時代の流れの中で、1998 年頃には、「貸し渋り」、「貸し剥がし」などの言葉が聞かれるようになるほど、中小企業の資金調達は困難を極める時代になったのである。

金融ビッグバン以降も地域の金融市場においては、必ずしも競争が促進されたというわけではない。しかも、地域金融機関は、収益性や効率性など経済合理的な行動のみならず、地域貢献という地域社会における役割も期待されている。

このような状況下、限られたエリアの中で、地域金融機関と中小企業はどのような関係にあるのか考察することは地域金融・中小企業金融において重要な意味を持ってくる。

３．情報の非対称性と中小企業金融の円滑化

中小企業は資金調達円滑化、資金のアベイラビィティという問題に常に直面している。その大きな理由は、中小企業が大企業に比して情報の非対称性の度合が大きいということにある。公開企業の財務諸表のように公認会計士監査が義務付けられているわけでもなく、中小企業会計の適正さの確保は常に課題とされている。また経営者自身が企業の財務状況を正確に把握できていなかったり、内部の帳票類が完備していなかったりする場合もある。

さらに、中小企業でこのような定量的な情報（ハード情報）に関する資料が完備していないことのみならず、企業経営者の資質が中小企業経営に大きく影響すると考えられているが、金融機関がこのような企業の定性的な情報（ソフト情報）を入手し、経営状況を外部から判断するには困難が伴う。

このことは銀行の貸出審査において、大企業の貸出審査よりも中小企業の貸出審査のほうが困難を伴い、コストがかかることを意味する。ひいては、中小企業貸出が敬遠され、中小企業の資金調達の円滑化が進まないことになる。それでは、中小企業金融の円滑化には、どのような手法が考えられるであろうか。

中小企業と銀行のリレーションシップという観点から考えてみたい。リレーションシップとは銀行と企業の親密な関係を指す。親密な関係とは銀行と企業の長期継続的関係や多面的な取引などを示す。リレーションシップの二つの要素は、時間と範囲と考えられる。前者は顧客と銀行の取引の期間（duration）で示される（Wood (1975)）。後者は銀行から顧客に提供されるサービスの幅、すなわち範囲（scope）と考えられている（Hodgman (1963)）。したがってリレーションシップの強さの程度も、期間と範囲で測定されることが多い。

リレーションシップ貸出（relationship lending）は、銀行と企業の親密な関係を通じて、企業の定性的な情報（ソフト情報）を銀行が吸収、蓄積し、情報の非対称性を緩和し、エージエンシーコストを引き下げる貸出手法と言える。このことが、中小企業金融の円滑化に結び

つくと考えられる。

4．学界における中小企業貸出手法の考察

本節では、「学界における」中小企業の貸出手法について、一時期かなりさかんになったリレーションシップレンディングの研究を紹介する。

就活学生は、地域金融の実務家が語る「リレーションシップバンキング」と学界で議論された貸出手法の「リレーションシップレンディング」もしくは「リレーションシップバンキング」は必ずしも同義ではないので注意されたい。

わが国で中小企業に対する貸出手法、貸出技術について学界で考察されることは従来殆どなかった。わが国で中小企業に対する貸出手法に関する研究が始まる契機となったのは、2003年の金融審議会報告書「リレーションシップバンキングの機能強化に向けて」の発表と考えられる。

リレーションシップバンキングというのは、この報告書の発表以降、わが国の実務界、学界に普及した言葉であるが、産学官によって、かなりその意味合いが異なる。欧米論文に登場する relationship lending はリレーションシップバンキング、リレーションシップレンディング、リレーションシップ貸出など様々な訳が充当されているが、本節では、リレーションシップ貸出の語に統一し、金融行政で用いるリレーションシップバンキングとは異なる概念とする。わが国のいわゆるリレバン行政の内容については、ここで述べるリレーションシップ貸出よりも広義の概念である。

欧米の先行研究では、リレーションシップ貸出を貸出手法の一つとした上で、そのメリット・デメリットの分析、金融機関の組織やソフト情報との関連でリレーションシップに関する研究が行われている。

中小企業の貸出手法について、Berger and Udell (2002)の分類を紹介しよう。Berger and Udell (2002)では、貸出手法をまず、リレーションシップ貸出と取引ベースの貸出の二つに大別し、取引ベースの貸

出は、財務諸表準拠貸出、資産準拠貸出、クレジットスコアリングの３種類に分かれるとしている。結局、貸出手法は４種類に分かれていることになる。

リレーションシップ貸出は、銀行と企業の多面的かつ長期継続的な取引を前提とし、その親密な取引関係の中から、銀行は企業のソフト情報を吸収・蓄積し、貸出審査に活用し、情報の非対称性を緩和すると考えるものである。

したがって情報では、定性的なソフト情報が重視され、借り手は中小企業、貸し手は中小金融機関とされている。これに対して、取引型貸出は、スポット取引を前提とし、財務諸表など定量的なハード情報にウエイトがあり、借り手は中堅・大企業、貸し手は大銀行と考えられている。

米国論文では、リレーションシップ貸出を 4 種類の貸出手法の中の一つとして論じているが、わが国の貸出手法は４種類に分かれているというよりも、新たに台頭してきたクレジットスコアリングを除く、財務諸表準拠貸出、資産担保貸出、リレーションシップ貸出の３手法を融合した手法で中小企業に対する貸出審査を行なってきたと考えることができる。ただし、ここで言う、資産担保貸出とは、不動産担保貸出のことを指す。在庫等の動産を担保にする動産担保貸出 ABL（Asset Based Lending）は最近登場した新しい貸出手法である。

そもそも、わが国において、銀行と企業が長期継続的関係にあるのは、一般的に見られる商慣習であり、わが国では、この関係が 30 年、50 年と続くのが珍しくないからである。これに対して米国では継続的関係と言っても、たかだか数年程度なのである。

このことは、ハード情報の財務諸表を入手するのにも、ソフト情報を入手するにおいても、わが国では銀行と中小企業の長期継続性が大前提となっていると考えられるということである。

わが国の金融の特徴の一つとして不動産担保貸出があり、バブル崩壊後の不良債権の発生にはこの不動産担保貸出が多かったことが原因の一つと考えられているように、わが国の貸出手法は大企業も中小企業も不動産担保貸出、財務諸表準拠貸出を行なっており、さらに、それらを長期継続的に行なってきた貸出と言えるであろう。

長期継続性を前提とするわが国では、長期継続的なリレーションシップ貸出という特別な貸出手法があると考えるのではなく、むしろソフト情報をどの程度重視した貸出を行っているかを考察することのほうが重要であろう。

クレジットスコアリングは、新たに登場した貸出手法であり、個々の貸出案件を個別に審査するものではなく、ポートフォリオ全体のデフォルト率をもとに審査を行うものである。IT 技術の進歩とともにコンピュータにより迅速な審査が可能になった。中小企業に DM を送り無担保で貸出契約に結びつけ中小企業貸出を伸ばした銀行もあったようだが、従来の貸出手法とは異なる独立した別の貸出手法と考えられる。

これらをまとめると、Berger and Udell が考える米国の分類とわが国の伝統的な中小企業貸出の分類とは異なるものとして表 3 のようにまとめられるであろう。

長期継続性がごく一般的なこととして前提とされている、わが国の中小企業貸出において重要な点はリレーションシップ貸出という特別な貸出手法が存在すると考えることでも、長期継続性の期間を問題にすることでもない。重要な点は、中小企業のソフト情報を銀行がいかにして、どの程度、吸収・蓄積し、情報の非対称性を緩和し、貸出審査に反映させているかという点にある。

表3　中小企業貸出手法の日米比較

<table>
<tr><th>Berger and Udell大分類</th><th colspan="2">Berger and Udell小分類</th><th>筆者による日本の分類</th></tr>
<tr><td>リレーションシップ貸出</td><td colspan="2">リレーションシップ貸出</td><td rowspan="3">日本の伝統的貸出</td></tr>
<tr><td rowspan="4">取引ベースの貸出</td><td colspan="2">財務諸表準拠貸出</td></tr>
<tr><td rowspan="2">資産担保貸出</td><td>不動産担保貸出</td></tr>
<tr><td>動産担保貸出</td><td rowspan="2">日本の中小企業貸出の新潮流</td></tr>
<tr><td colspan="2">クレジットスコアリング</td></tr>
</table>

出所：Berger and Udell(2002)等をもとに筆者作成

ソフト情報という言葉がわが国で広まったのは最近のことであるが、貸出審査における定性情報の重要性はすでにかなり以前から指摘されており、「ソフト情報」という言葉として用いられていたわけではないが、決して新しい概念というわけではない。

表3に見られるように日本の中小企業貸出は長期継続的に行われ(リレーションシップ貸出)、なおかつ財務諸表に準拠し、かつ不動産担保を徴求していた。さらに人的保証を要求していた。

このことから金融庁は「平成28事務年度金融行政方針」では、金融機関に対して、担保・保証に過度に依存することなく、取引先企業の事業の内容や成長可能性を適切に評価（「事業性評価」）するよう促している。

さらに、十分な担保・保証のある先や高い信用力のある先以外に対する金融機関の取り組みが十分でないために、企業価値の向上が実現できず、金融機関自身もビジネスチャンスを逃している状況（「日本型金融排除」）が生じていないかについて実態把握を行うとしている。

また、金融機関が、企業の事業内容を深く理解することなく、「十分な担保・保証があるか」、「高い信用力があるか」等の企業の財務指標を中心とした定型的な融資基準により与信判断・融資実行をすることで、そうした基準に適う一部の企業に対して融資拡大への過当競争が行われているのではないか、という指摘もあると述べている。

第１６章　融資審査とアベイラビリティ

１．融資審査におけるソフト情報の歴史

そもそも情報生産は金融仲介の機能とされるものであり、銀行の情報生産については、多くの文献がある。Aoki（1994）は貸出実行の時間軸において、事前、期中、事後の３種類のモニタリングという概念を提示し、これらは独立したものではなく相互に関連した情報生産であることを示している。

このモニタリングから得られた借り手企業の情報は、定性情報と定量情報に大別することが可能であろう。Berger and Udell (2002) をはじめとするリレーションシップ貸出の文献では、前者をソフト情報、後者をハード情報という語彙を用いることが多い。本章でもその語彙に従うことにする。

モニタリングの際、中小企業に対する場合には、ハード情報のみならず、ソフト情報が重要になる。そこにリレーションシップ貸出の特徴が見られるとされる。すなわち、長期継続的・多面的な取引関係の中で、銀行に中小企業のソフト情報が入手・蓄積され、情報の非対称性の緩和に有効であるとするものである。

ソフト情報という言葉がわが国で広まったのは最近のことであるが、貸出審査における定性情報の重要性はすでにかなり以前から指摘されており、決して新しい概念ではない。しかしながら、銀行の情報生産に関する文献は多いが、わが国の具体的なソフト情報の生産については、多くの研究が行われているわけではない。まず、わが国における

従来からある伝統的な中小企業に対する貸出審査とはどのようなものであったかを実務家向けの書物から考察してみたい。

リレーションシップ貸出やソフト情報という言葉が使用される以前から、銀行は定性情報を貸出審査の重要項目としていた。このことは金融実務家が著した金融実務家向け書物に示されている。

プールで泳ぐのと海や川で泳ぐのは、水の中で遊泳するという点では同じだが、実態はまったく異なる。地域金融を机上で論ずることと現実の実務には大きな乖離がある。

学生は「経営分析」を机上で学び、何々比率や何々回転率の計算方法を覚え、健康診断の指標のように、計算した数値が企業の健全な範囲内にあるかどうかを学んでゆく。

しかし、現実は二つの点ですぐにそのようにはならない。

まず、企業の財務諸表は自由自在に入手できるというものではない。銀行員は新たな貸出先を開拓することを常に求められている。取引のない企業の決算書は簡単に手に入らない。企業側から借入の申し出があったのであればともかく、渉外係の行員が新規貸出先開拓のために企業に財務データ提出を依頼しておきながら、財務分析した結果お貸しできませんとは言いづらい。従って取引のない企業に財務諸表の提出を銀行が依頼する場合には、ある程度貸出可能である目途が立っていないと企業との間でトラブルになる危険性がある。

第二に決算書を入手できたとしても信憑性のあるものばかりとは限らない。粉飾決算がされている場合もある。財務諸表はまず粉飾を見破るところから始まる。

現在、金融庁では決算書に頼らない「事業性評価融資」を進めている。

「ソフト情報」や「事業性評価融資」という言葉を昔は使用しなかったであろうが、「決算書に頼らない融資」は昔から銀行員が行ってきたことなのである。

東海銀行（現在の三菱 **UFJ** 銀行）行員の依馬安邦が著した『企業観相術』（初版昭和 41）は決算書なしに企業の信用を、「見ること、聞くこと」によって判定する実践的な書物としてベストセラーになり、銀行だけでなく他産業でも研修用に活用された。

東海銀行は都市銀行であるが、この書で対象とされているのは主に中小企業への貸出であるから地域金融の貸出に関する書物と理解してもよいであろう。

この書の中で依馬は「バランスシートに頼りすぎるな」「実際に自分の眼、自分の耳で、見たり聞いたりして判断するしかない」という言葉を残している。貸出現場の行員の間で先輩から後輩へ実践的な教訓として長い間伝えられ、いわゆる「目利き」の養成が行われてきたのである。

依馬（1986）では、ソフト情報の入手が必要になる場合として、以下のようなケースを挙げている。もっとも、江馬（1966、1986）や他の実務家向けの文献では、「ソフト情報」という言葉が用いられていたわけではない。

①中小企業（決算書の信憑性に問題がある）
②取引のない企業の新規開拓（当然、財務諸表が入手できない）
③取引があっても資料提出に積極的ではない企業
④ハード情報の補完（粉飾が行われていないかの確認）

これらのことから1966年当時でも決して、定性情報の吸収・蓄積に金融機関は関心がなかったわけではないことが理解できる。しかし、ソフト情報は、今日、わが国で議論されているものとは、ややニュアンスが異なることがわかる。すなわち、決算書を入手できない新規先の企業の融資セールスや、粉飾決算のチェックが重要な位置を占めていることがわかる。都市銀行の研修用テキストに用いられていたことからも理解できるように、決して、地域金融機関だけの貸出手法ではないことがわかる。また、たとえ、帳票が完備されていたとしても企業は金融機関に積極的に資料の提出を行うとは限らないことも金融実務の現実であることが示されている。

通商産業省編（1976）では企業経営に影響を与えるが数字に表れない定性要因を指標化して企業の経営力を評価する試みが行なわれ、民間金融機関のみならず、すでに通商産業省でも企業の定性情報把握に関する取り組みが行われていたことがわかる。

大野（1987）では、財務面と非財務面は相互に様々な因果関係をもち、有機的関連を考慮に入れた財務分析こそが精緻で充実した企業実態の把握に繋がるとしており、企業の質的側面の調査項目として、以下のようなものを挙げている。

①経営者・経営陣（人物、経歴、後継者等)、②資本関係、③業種業態（市場占有度、季節変動、業界慣習)、④系列関係、⑤従業員（従業員構成、従業員の質・教育、職場の雰囲気等)、⑥組織（組織の適否、管理力)、⑦物的設備、⑧生産（所有技術、品質等)、⑨購買・仕入、⑩販売（販売経路等)、⑪所有不動産（主要不動産の時価、担保設定状況等)。

2004 年に大阪府の金融新戦略検討委員会（委員長：橋本介三大阪大学教授、副委員長：筆者）で行なわれた「大阪における中小企業金融の実態に関するアンケート調査」によれば中小企業が金融機関に対して自社の評価してもらいたいと考えている部分は、「技術やノウハウ」（74.3%）「顧客基盤や供給体制」（71.9%）、「経営者の資質」（70.7%）といった数字に表れない定性情報が上位を占めた。

このような中小企業のアンケート調査結果に基づき、大阪府商工労働部金融室（2004）では中小企業の事業性評価項目として①市場・顧客（市場競争力、市場の将来性等）②実施体制（開発推進体制、技術技能の水準の現状・管理体制、生産体制、営業体制、物流・在庫の管理体制等)、③経営者資質・経営体制全般（現状分析と改善活動、組織体制の構築、後継者育成、人材育成、経営者の実行力等）等の定性情報を示し、中小企業の財務指標に示されない事業の成長性を評価すべきとし、大阪府金融新戦略検討委員会では定性情報をいかに貸出審査に盛り込むかの工夫を行っている。詳細は、大阪府商工労働部金融室の HP を参照されたい。

これを受けて、大阪府では、「成長性評価融資」と称する貸出を開始した。これは、中小企業・個人事業主の事業計画の成長性を専門家集団である評価委員会が評価し、成長性が見込まれた場合、融資を行うものである。

ポスト金融新戦略は2007年「新たな中小企業金融のあり方研究会(座長：筆者)」に引き継がれた。

詳細は、大阪府商工労働部金融室（2006、2007)、もしくは大阪府商工労働部金融室の HP を参照されたい。また、大阪府の中小企業金融新戦略に基づく貸出の具体的事例は（財）大阪産業振興機構（2007）に示されている。

高橋（2006）では、融資先の実態把握ということで、「目利き」の必要性を強調し、「目利き」のポイントとして、①経営者の評価、②事業素質の評価、③債務の償還能力とキャッシュフローの検証、④ROA の評価の 4 点を挙げている。「目利き」というのは、2003 年の金融審議会報告書の中で用いられて以来、使われるようになった言葉であるが、貸出審査能力の向上を述べたものである。

これらをまとめると、ソフト情報の貸出審査における位置づけは以下のように整理できるであろう。

高度成長時代には、銀行の営業店内では、渉外係と融資係に分かれていた。渉外係は預金獲得が重要で、融資に対しては積極的な姿勢であった。これに対して、融資係は融資に対して牽制的な機能を担うという体質であった。この時代の定性情報とは、定量情報の補完、修正、また究極的には粉飾の発見・未然防止を目的とするものであったと思われる。あるいは、財務諸表を分析、保全を検討するために不動産担保の評価、保証人、経営者の人物評価、財務諸表に示されない企業の成長性の考慮、決算書発表までの時間的なズレを補完するものとしての定性的な情報として認識されるであろう。

その後、日本経済が高度成長時代から安定成長へ移行するにつれ、資金需要が低下し、また金融自由化の流れの中で、資金調達が多様化し、いわゆる銀行離れが進むと、地域金融機関のみならず、都市銀行も含めてすべての銀行の着目するのは中小企業となった。大企業の銀行離れで「貸出セールス」という姿勢に変化し、行員教育として面談や観察から、貸出の新規先（大企業のみならず中小企業もその対象として）を発見する手段としてのソフト情報の重要性が認識されるようになった。

しかし2003年以降、リレーションシップ貸出という考え方の普及とともにソフト情報そのものを貸出審査に活用する考え方が出てきたと言えよう。これは、金融庁（2003）に示されるように、「中小・地域金融機関においては、事業の将来性に関する「目利き」を養成し、将来性ある事業に対してリスクに応じて融資を行うこと（融資審査能力の向上）」や担保や保証に依存しない貸出が求められたことが大きく影響していると思われる。

また、不良債権処理が一段落し、景気回復とともに貸出競争が激化し、さらにクレジットスコアリングのような新たな貸出手法が台頭し、限定された地域に拘束されない貸出競争が激化してきたことが原因と思われる。

リレーションシップ貸出には、多面的および長期継続的な取引から得られたソフト情報を貸出審査に反映させると考えられるが、ソフト情報の貸出審査における位置づけの歴史的推移から見るならば、ソフト情報は次の二つの考え方が可能であろう。

①ソフト情報がハード情報を補完し、より正確なものに確認・修正するもの、あるいは極端な場合は、粉飾決算の発見という意味も含むと考えるもの。すなわち、「ソフト情報→ハード情報→貸出審査」と考えるものである。

②ソフト情報そのものが貸出審査に影響を与えるという考え方。つまり、「ソフト情報→貸出審査」と考えるものである。

金融実務家の貸出審査に関する書物から推測するならば、以前は①の考え方であったが、リレーションシップ貸出の考え方が普及するにつれて②の考え方も登場してきたと思われる。

金融庁「平成26事務年度　金融モニタリング基本方針」で金融機関は企業の財務データなど過去の実績や不動産担保、保証人に必要以上に依存することなく、企業の事業内容と成長可能性など将来まで含めた事業性評価に基づく融資や助言を行うことが重点施策として取り上げられた。事業性評価には定性情報（soft information）から企業の実態を把握することが求められる。決算書、担保、保証に頼らず、企業の事業性・成長性を見極め、貸出を行う。このような能力を持つ目利きを育成し、地域金融機関の目利き力を高めることが大切だ。

このようなことを口で言うのは簡単だ。そもそも金融は不確実性の世界でリスクをいかにコントロールするかで成り立っているビジネスである。目利きを育てるためには銀行の体質、組織風土そのものを変える必要がある。銀行は護送船団方式で規制に縛られながら生きてきた業界である。

ビッグバン以降も他の業界に比べれば金融業界は規制が多い。BIS規制のように監督官庁が経営の傾いた企業にイエローカードを出す業界は金融業界以外にはないであろう。

また金融庁から出される指針は結局のところ、銀行を横並び体質にしてきた。銀行人事は減点主義になりがちだ。アントレプレナーシップを持った人材は地域金融機関には集まりにくい体質にある。

今後は目利きとしてイノベーティブな人材を外部から起用する必要があろう。実際にベンチャービジネスを立ち上げたような起業家に地域金融機関の審査部で働いてもらうという手法もあるだろう。

2. アベイラビリティ

中小企業にとって常にアベイラビリティの確保が重要問題となるのはなぜであろうか。

まず情報の非対称性の問題がある。情報の非対称性の度合は一般的に大企業よりも中小企業のほうが高い。

上場企業は情報開示が義務づけられ、財務諸表は公認会計士が監査したものであるため信憑性が高い。これに対して中小企業の財務諸表は信憑性が低くなる。

情報の非対称性を緩和するためにソフト情報を蓄積して審査に臨むことが必要となり、審査コストが上昇することになる。

次に規模の経済性の問題がある。銀行にとっては大きな金額の貸出案件のほうが規模の経済性が働き効率的となる。そのため銀行は貸出額の小さい中小企業よりも貸出額の大きい大企業の貸出を好むことになる。ただしこの議論にはリスク分散という観点は考慮していない。

３．中小企業金融を円滑に進める仕組み

中小企業金融を円滑に進めるには審査コストを低く抑えることが肝要になろう。そのためにはリレーションシップバンキングに力を入れたり、中小企業金融専門の金融機関や公的金融機関を設けたりする手法があろう。

３．１ 審査コストを低く抑える

中小企業の情報の非対称性を緩和して審査コストを低下させるためにソフト情報の蓄積に金融機関は心がける。そのためには銀行と中小企業のリレーションシップを高めたり、地域コミュニティにある情報を活用したりする工夫を行う。

３．２ 中小企業金融専門の金融機関

中小企業金融を専門とする金融機関を設け、リレーションシップを高めソフト情報の蓄積を行うことにより情報の非対称性を緩和し審査コストを低減させ、中小企業金融を円滑化する。

中小企業金融専門の金融機関とは具体的には信用金庫、信用組合などをさす。信用金庫の制度についての説明を一般社団法人全国信用金庫協会のHPから要点を引用したものが下記である。

「信用金庫は、会員制度による協同組織の地域金融機関です。制度・運用の面で、株式会社の銀行と異なる独自の性格を備えています。信用金庫は、一定地域内の中小企業者や地域住民を会員としています。融資対象は会員の方を原則としていますが、会員以外の方への融資も一定の条件で認められています。一方、預金は会員以外の方でもご利

用いただけます。

① 会員資格　信用金庫の営業地域にお住まいの方・お勤めの方・事業所をお持ちの方は、会員になることができます。ただし、個人事業者で常時使用する従業員数が 300 人を超える場合、また、法人事業者で常時使用する従業員数が 300 人を超え、かつ資本金が 9 億円を超える場合には、会員となることができません。

② 営業地域　信用金庫の営業地域は一定の地域に限定されており、地域で集めた資金は地域に還元されています」

この HP の説明からも明らかなように信用金庫は取引先企業が成長し、この規定を超えるサイズに成長した企業に対しては貸出を行うことができなくなる（実際は卒業金融というアローアンスがある）。まさに中小企業のための金融機関なのである。

第１７章　公的金融

１．金融に政府介入が認められる根拠

銀行にはどのような種類があるだろうか。メガバンクは規模の大きな銀行で以前は都市銀行（略して都銀）と呼んだ。合併・再編を繰り返し、現在の姿になった。

金融に政府介入が認められる根拠は二つある。

①　効率性

情報の非対称性が大きい中小企業には信用割当が起きやすい。これは社会にとって有益なプロジェクトが埋没する危険があり、非効率な状態といえる。

このような場合、効率性のために政府が関与することが認められる。

②　安定性

金融市場は、急激で異常な価格変動が生ずる場合がある。その際、金融市場を安定化させるために政府介入が正当化される。

公的金融として、⑴信用補完制度と⑵政府金融機関の二つの形態を示す。

２．信用補完制度

この制度は、各地の信用保証協会が、民間銀行が貸出を行う際に信用補完を行うものである。銀行から中小企業が借入を行う際、信用保証協会が借入債務の保証を行う。

信用保証協会の保証があることで、銀行が中小企業への貸出を行い

やすくし、中小企業金融の円滑化に資するというものである。

貸出を実行するのは信用保証協会ではなく、銀行である。企業は銀行に借入利息を支払い、保証協会には信用保証料を支払う。万が一、企業が銀行に対して借入を返済できなくなった場合、保証協会は銀行に対して元金および利息を一括して代位弁済する（実務では略して代弁ということが多い)。保証協会は求償権を得、銀行に代わって中小企業から債権の回収を行う。

現行の信用補完制度の柱は一般保証とセーフティネット保証の二つある。

一般保証は融資額の80%を保証し、20%を金融機関が負担する責任共有制度である。これは金融機関が事業性評価有融資やモニタリング、経営支援を行うインセンティブが低くなるなどのモラルハザード（副作用）が生ずるリスクを防ぐためである。ただし小規模事業者や創業者等に対する保証は100%保証である。

セーフティネット保証は自然災害時や構造不況業種を対象に、一般保証とは別枠で融資額の原則100%を保証する。

信用補完制度は平成30年4月1日から見直し後の制度がスタートした。

見直しの主旨は中小企業がライフステージの様々な局面で必要とする多様な資金需要や大規模な経済危機、災害等により信用収縮が生じた場合における資金需要等に一層対応できるように、適用期限を区切って迅速に発動できる新たなセーフティネットとして危機関連保証を創設した。また信用保証への過度な依存が進むと金融機関にはモラルハザードが生じるリスクがあるため、信用保証協会と金融機関が連携して中小企業への経営支援を強化することとした。

信用保証協会と金融機関との連携を法律上に位置づけ、中小企業のそれぞれの実態に応じて、プロパー融資（信用保証がついていない融資）と信用保証付き融資を適切に組み合わせ、信用保証協会と金融機関が柔軟にリスク分担を行ってゆく。中小企業に対する経営支援業務を信用保証協会の業務として法律上に明記し、信用保証協会の経営支援の取り組みを着実に進める。

３．政府系金融機関

中小企業金融は情報の非対称性のため市場が不完全になりがちである。よって効率性の観点から政府関与が正当化され公的金融の存在意義もそこにあるとされる。

公的金融では民間の銀行では採算にのらないような情報生産のコストを負担して中小企業金融の円滑化を図ることが期待される。

また上述のように地域の貸出市場は分断されており、地域によって貸出金利の高低がある。公的金融は中小企業にとってアベイラビリティの確保という点のみならず、全国一律の貸出金利で対応するという利点もある。

しかし、その一方で公的金融による救済的な融資に関する否定的な次のような意見もあることを記しておこう。

① 市場から退出すべき非効率な企業が温存されてしまう可能性がある。このことは産業構造の転換が遅れ、経済の活力が低下することを意味する。

② そもそも日本の中小企業は借入過多である。ちなみに名古屋の企業は一般的に自己資本比率が高く安全性が高いと言われる。

③ 公的金融による低利の融資は民間銀行のビジネスチャンスを脅かし民業圧迫につながる。

日本政策金融公庫は国民生活金融公庫、農林漁業金融公庫、中小企業金融公庫という3つの政府金融機関を統合して2008年に設立された政府金融機関である。国民生活一般、農林漁業向け、中小企業向けの融資を中心事業としている。

2011 年の東日本大震災を契機に危機対応という役割が注目されるようになった。金融に政府関与が認められる根拠の一つである安定性の観点が被災により高まったと言えよう。

日本政策金融公庫の HP では､その目的は以下のように記されている。

「一般の金融機関が行う金融を補完することを旨とし、国民一般、中小企業者及び農林水産業者の資金調達を支援するための金融の機能を担うとともに、内外の金融秩序の混乱又は大規模な災害、テロリズム若しくは感染症等による被害に対処するために必要な金融を行うほか、当該必要な金融が銀行その他の金融機関により迅速かつ円滑に行われることを可能とし、もって国民生活の向上に寄与することを目的として業務を行っています」

商工中金は2008年10月協同組織金融機関から株式会社形態に移行、株式会社商工組合中央金庫としてスタートした。

2011年3月東日本大震災発生し、3月東北地方太平洋沖地震対策本部を設置した。2011年5月13日、東日本大震災対策本部へ名称変更した。

2020年1月、各営業店に「新型コロナウイルスに関する経営相談窓口」を設置し、2020年3月、危機対応業務として「新型コロナウイルス感染症に関する特別相談窓口」に変更した。

2020年2月、新型コロナウイルス対策本部を設置した。

第18章　独禁法の適用除外になる地銀の再編

1．再編の例

かつて13行あった都市銀行は合併・再編を繰り返し、現在の4大銀行（みずほ銀行、三井住友銀行、三菱UFJ銀行、りそな銀行）の姿になった。また、みずほ銀行、三井住友銀行、三菱UFJ銀行の3行を3大メガバンクともいう。

大手銀行の再編は現在落ち着いたように思えるが、地域銀行の再編や統合は今後も活発になると思われる。地域銀行を取り巻く環境は低金利、人口減少社会、フィンテックなど逆風である。

金融ビッグバンにより1998年に金融持株会社が解禁された。背景にはグローバル化の進展があり、(国際的な) 競争力を高める必要があった。

そもそも、銀行は昔から再編・合併の歴史を繰り返してきた。合併・統合･連携などで組織を大きくして潰されないようにする戦略をTBTF戦略（Too Big To Fail）という。

大手銀行はこの金融持ち株会社を利用して、銀行、信託銀行、証券会社、クレジット会社、リース会社などをグループ化している。下記に例を示そう。

・三菱UFJファイナンシャルグループ
（三菱UFJ銀行、三菱UFJ信託銀行、三菱UFJ証券HD）
・三井住友ファイナンシャルグループ
（三井住友銀行、SMBC信託銀行、SMBC日興証券）

・みずほファイナンシャルグループ
（みずほ銀行、みずほ信託銀行、みずほ証券）
・りそなグループ
（りそなHD、りそな銀行、埼玉りそな銀行、関西みらいファイナンシャルグループ）

地域銀行では活発な再編の動きが見られ、今後、地方銀行は再編・統合が進むと予想される。最近の統合の主な例を紹介しよう。統合には広域にわたる場合と同一県内の競合行による統合の場合とがある。

・西日本ファイナンシャルグループ
（西日本シティ銀行、長崎銀行）
・九州ファイナンシャルグループ
（鹿児島銀行、肥後銀行）
・ふくおかファイナンシャルグループ
（親和銀行、十八銀行）
・トモニホールディングス
（香川銀行、徳島銀行、大正銀行）
・山口ファイナンシャルグループ
（山口銀行・北九州銀行・もみじ銀行）
・関西未来ファイナンシャルグループ
（近畿大阪銀行、関西アーバン銀行、みなと銀行）
・東京きらぼしファイナンシャルグループ
（東京都民銀行、八千代銀行、新銀行東京）
・コンコルディア・ファイナンシャルグループ
（横浜銀行、東日本銀行）
・めぶきファイナンシャルグループ
（足利銀行、常陽銀行）
・第四北越ファイナンシャルグループ
（第四銀行、北越銀行）

・三十三（さんじゅうさん）ファイナンシャルグループ
（三重銀行、第三銀行）

2．再編の手法

再編の手法には合併、経営統合、提携の 3 種類あろうか。

合併は法人格、人事制度、システムの統一が必要になる。これに対して経営統合は複数の銀行の上に持ち株会社を置くため、統合される銀行は従来の銀行名やシステムを現状維持できる。提携（アライアンス）はシステム共同化やフィンテックの開発など様々な領域でシナジー効果を期待するものである。

2017 年 3 月末で大手銀行の貸出残高の合計は 235 兆円である。これは民間銀行の貸出総計 589 兆円の 39.8%を占める。これに対して地方銀行 64 行の合計貸出残高は 191 兆円（シエア 32.5%）、第二地銀 41 行は 51 兆円（シエア 8.6%）である。

つまり地域銀行（地方銀行＋第二地銀）105 行の合計貸出残高は 242 兆円で、大手行の合計貸出残高にほぼ匹敵する額になる（数値は『金融マップ 2018 年版』から引用）。

大手行とは都銀が埼玉りそな、りそな、三井住友、三菱東京 UFJ、みずほの 5 行、信託が三井住友、三菱 UFJ、みずほの 3 行、その他、あおぞら、新生の 2 行の計 10 行である。

地域銀行も同様に 10 のグループに統合すると仮定すれば一行あたりの平均貸出残高は 23 兆円ということになる。この数値は、りそな銀行や三井住友信託銀行の国内店舗の貸出額にほぼ匹敵するレベルである。

大きくすればよいというものでもない。また統合は目的ではない。手段である。あくまでも経営戦略の構築が重要だ。地域銀行は地域経済・産業の活性化をあわせて考える必要がある。

ただしフィンテックが導入されることで統合は必ずしも地理的エリアが近接している必要はなくなる。むしろ自行の弱点を補完する形での戦略を考慮した上での統合が必要だ。

少なくとも個人客にとってはメインバンクをどこの銀行にするかと

いう決定は必ずしも地理的なアクセスは関係がない要素となろう。地理的に隣接しているか否かには無関係に広域の統合が今後、想定される。

一般に規模の経済性が働くゆえ、統合は地域金融機関にとってコスト削減につながる。その分だけ地域金融機関は地域経済活性化や顧客の利便性向上のための投資が可能になり、効率的な資源配分が行われることになろう。

しかし統合には負の局面があることも忘れてはならない。地域金融機関の統合が進めば利用者の利便性が高まるとは限らない。統合した地域金融機関が当該地域で寡占状態になり顧客サービスが低下する恐れがある。ホールドアップ問題がさらに強化される危惧もある。

さらに、実際の統合は地域金融機関経営者の意向だけで決まるものでもない。ふくおかフィナンシャルグループ（福岡市）と十八銀行（長崎市）の経営統合は独占禁止法の観点から難航していたが、2018年8月24日、公正取引委員会は経営統合を承認したと発表した。

統合により長崎県内の中小企業向け貸出シェアが75%になることが問題視されていたが、約1000億円の融資をライバルの金融機関に移す「債権譲渡」の方法により、シェアが65%になる見通しになり承認された。

3．政府による再編の後押し

さらに地域銀行の経営統合を政府も後押ししているのが現状である。

2019年6月5日に開催された「第28回未来投資会議」の「成長戦略実行計画案」の「第4章 人口減少下での地方施策の強化」では「地域銀行および乗合バス等の事業者」に関して、首相官邸 HP において以下のように記されている。

なお乗合バスに関する記述は本書の目的から外れるので割愛して、地域銀行に関する記述のみ下記に原文のまま引用する。なお、原文では図が示されているが、やはり割愛する。

「・要旨
地域銀行及び乗合バス等の事業者は、地域における基盤的サービスを提供し、破綻すれば地域に甚大な影響を与える可能性が高い『地域基盤企業』とも言える存在であり、その維持は国民的課題である。
他方、これら２分野の事業者は、現在、少子化、人口減少の中で、地域において、その経営が急速に悪化しており、インフラ機能維持のため、その経営力強化が喫緊の課題である中、その選択肢として、経営統合や共同経営の実施が見込まれる。
このため、こうした地域基盤企業に限定して、経営統合等に関して、特例的な措置を講ずることにより、地域社会のコミュニティの維持を図るべきである。その際、経営統合等から生じる消費者・利用者への弊害を防止し、経営統合等の果実を地域のインフラ維持や経済発展に活用するなどにより、独占禁止法の究極的な目的である『一般消費者の利益』の確保を達成することが不可欠であり、公正取引委員会及び主務官庁のいずれの知見も最大限生かされるよう、両者の緊密な連携を前提とするものとする。（中略）
地域銀行は、それぞれの地域において、７割から８割の企業のメインバンクとして、地域経済を支えている。業績が悪化すれば、貸出金が減少するなど、悪影響が預金者や借り手に及び、地域における円滑な金融仲介に支障を及ぼすおそれがある。早期に地域銀行の事業の改善を図るため、経営統合により生じる余力に応じて、地方におけるサービス維持への取組を行うことを前提に、シェアが高くなっても特例的に経営統合が認められるようにする。
これらの目的のため、特例法を設けることとする。
・現状
地方銀行・第二地方銀行は、特に地方においては、７割から８割の企業のメインバンクとして、地域経済を支えている。しかし、地域銀行（地方銀行、第二地方銀行、埼玉りそな銀行）の貸出利鞘（貸出金利回り－資金調達利回り）は低下し続けており、経営が悪化している。
他方、銀行はシステム費用等の多額の固定費が発生するため、規模の経済性（スケールメリット）が働きやすい。すなわち、貸出の規模が２倍になっても、システム費用が２倍かかる訳ではない。このため、経営統合による経費削減余地が大きく、経営統合は、銀行の持続可能性にプラスの効果があると推測される。

・対応の方向性

地域銀行は、地域において重要な役割を担っており、人口減少社会においても、そのサービスを適切な形で維持する必要がある。

地域銀行の業績悪化の状態が今後継続すれば、貸出金が減少するなど、悪影響が広範な預金者や債務者（借り手）に及ぶ。特に、地域金融においては、金融機関が債務者との信頼関係を構築し、これを基礎に与信判断や経営支援を行っているため、十分な金融仲介機能が発揮できなくなるおそれがある。このため、業績悪化により当該銀行が業務改善を求められており、この状態が継続すれば、当該地域における円滑な金融仲介に支障を及ぼすおそれがある場合に限定して、早期の業務改善のために、マーケットシェアが高くなっても、特例的に経営統合が認められるようにする。

すなわち、

（a）経営統合を行おうとする金融機関が金融庁に対して、特例法に基づく独占禁止法適用除外の申請を行う。申請があった場合、金融庁は、特例法の以下の要件に該当するかについて確認し、その要件該当性について公正取引委員会に協議を行う（申請が行われない場合は、通常の独占禁止法に基づき、審査が行われる）。

（b）申請案件が以下のⅰ）～ⅳ）について主に金融庁、ⅴ）について主に公正取引委員会が審査を行い、いずれの要件も満たされる場合には、適用除外の認可を行う。

ⅰ）人口減少等により、地域において中小企業等の顧客向け貸出・手数料事業に対する持続的な需要の減少が見込まれる状況にあり、その結果、地銀が将来にわたって当該地域における当該事業の提供を持続的に行うことが困難となるおそれのある地域であること。

ⅱ）申請者の地銀が継続的に、当該事業からの収益で、当該事業のネットワークを持続するための経費等をまかなえないこと。
ⅲ）経営統合により相当の経営改善や機能維持が認められること。
ⅳ）上記ⅲ）の結果生じる余力に応じた地域経済への貢献が見込まれること。
ⅴ）経営統合が（競争を減らしても）利用者（一般消費者）の利益に資すること。
（c）金融庁は、ⅰ）～ⅳ）の要件を満たす場合には、公正取引委員会に協議を行い、ⅴ）の要件該当性を含めた公正取引委員会の意見を尊重する。
（d）認可後に、上記ⅰ）～ⅴ）の要件に適合するものでなくなったと認められるときは、金融庁は地銀に対して是正を命じる。また、公正取引委員会は、金融庁に対して措置を講ずることを求めることができる。
・特例法の対象範囲の限定
特例法の対象範囲については、地域における基盤的サービスの提供を担っており、経営統合や共同経営による経営力強化の効果が大きいことが見込まれ、かつ主務官庁が経営統合や共同経営を実施した後の行動を監視・監督できる分野に限定することが必要であり、当面、上記２分野に限定する。本施策については、10年間の時限措置とする。また、2020年の通常国会に特例法の法案提出を図る。
・その他
金融分野については、利用者の利便や地域経済の維持・発展を図る観点から、新たなテクノロジーを活用した異業種を含む新規参入を促進するための規制改革等の他の政策手段についても併せて検討する。今後、県域を越えた地域金融の金融行政の在り方については、将来的に、独占禁止法との関係も含めて、検討を行うこととする」

以上が、首相官邸 HP に示された「成長戦略実行計画案」の「第４章 人口減少下での地方施策の強化」からの引用である。つまり政府・金融庁は地銀再編を促し、2019年６月閣議決定の「成長戦略実行計画」

では、たとえ地方でシェアが高くなったとしても、特例として経営統合を認めるために10年間の時限措置として独占禁止法の適用除外を認める法令を2020年の通常国会に提出することを決定したのである。

2020年5月20日の日経新聞には、この法令が可決された報道が以下のようにされている。

「2020年5月20日の参院本会議で、地方銀行同士の統合・合併を独占禁止法の適用除外とする特例法が可決、成立した。超低金利や人口減少で収益が細る地銀の再編を後押しし、経営基盤の強化を促す。

合併で市場占有率が高まった地銀が不当に貸出金利を上げないように監視し、利用者保護を徹底する規定も盛り込んだ。(中略)

金融庁が統合・合併をめざす地銀の事業計画を審査し、収益力の向上や金融サービスの維持につながることを条件に認可する。公正取引委員会とも協議して判断する。適用期間は10年。

地銀の合併で特定地域の市場占有率が高まると、優位な立場を利用して貸出金利を引き上げる懸念がある。このため金融庁は不当な金利の引き上げを禁止し、顧客の利便性が損なわれないように監視する。

借り手の不利益が大きいとみれば業務改善命令などで是正を求める」

このように政府が地方銀行同士の統合・合併を独占禁止法の適用除外とする特例法が成立し、政府が地銀の再編を後押しする以上、今後地方銀行の再編は加速するであろう。

銀行に限らず、企業には文化のようなものが形成されている。さらに地域銀行の場合は限定された地域でビジネスを行っているため、地域の風土のようなものとブレンドされて企業独自の文化ができあがる。

このような地域銀行文化はプラスにもマイナスにも働く。広域統合を行った場合、従来までの「故郷の銀行」「地元の銀行」の意味合いが変わってくる。またフィンテックが普及すれば地理的エリアの意義が薄れてくる。地域銀行は新たなビジネスモデルが期待される。

幸い、就活学生や新社会人はこれから金融界へ入ってゆく。固定観念のない新しい発想で激動の金融界に新風を吹き込んでほしいものだ。

第１９章　フィンテック

１．第４次産業革命

2016年に「日本再興戦略2016－第４次産業革命に向けて―」が公表された。この中でFinTechの推進（FinTechエコシステムの形成等）が示された。

第4次産業革命という言葉の初出はドイツで2010年に開催されたハノーバー・メッセ2011で提唱されたIndustry 4.0とされる。第1次産業革命とは18世紀後半、石炭・蒸気を動力源とする軽工業を中心とする経済発展。第2次産業革命とは19世紀後半、石油・電気を動力源とする重工業を中心とする経済発展。第3次産業革命とは、コンピュータなどの電子技術やロボット技術を活用したマイクロエレクトロニクス革命。第4次産業革命とは、デジタル技術とIoTの発展による経済発展をさす。

第4次産業革命の社会は①狩猟社会、②農耕社会、③工業社会、④情報社会に続くSociety 5.0（超スマート社会）とも言われる。

２．フィンテック登場の背景

銀行の機能を個別要素に分解することを金融のアンバンドリングといい、別の形で再結合することをリバンドリングという。

フィンテックFinTechはFinance＋Technologyの合成語である。日本語でそのままフィンテックもしくは英語でFinTechと表記し、「金融工学」とは訳さない。フィンテックに明確な定義はない。IT技術による革新的な金融サービスで、金融のアンバンドリングの結果もたらされた金融サービスともいえよう。フィンテック登場の背景としては以下のように(1)ITの普及、(2)顧客ニーズの変化、(3)金融機関の弱体化の3点考えられるであろう。

(1) ITの普及

ITが急速に進展し普及している。コンピュータの性能はムーアの法則により指数関数的に急上昇している。データはSNSや購買履歴情報等から大量に生成分析されるようになった。金融のアンバンドリング化がITの進展により可能になった。

この結果、顧客ニーズにあう金融サービスをスマホやウェアラブル端末（体につけたまま使用可能なコンピュータ）通じて入手できる時代になった。IT企業の情報生産力・分析力が金融機関よりも優れるケースが出てきたのである。

(2) 顧客ニーズの変化

経済取引は財・サービスを提供し、その対価を支払うことで成り立っている。財に関してはわかりやすい。我々は欲しいと思う商品を吟味して購入し、その対価を支払う。サービスに関してはどうであろうか。

我々が海・山・遊園地・テーマパークなどへ行くのはアミューズメントというサービスを入手できるから行くのだ。ゴルフ場・スキー場へ行くのは当該スポーツを楽しむために行く。では銀行の店舗へ我々は何を求めて行くのだろうか。銀行の店舗で待たされるのは快楽ではない。銀行の店舗へ行くこと自体は我々にとって娯楽ではない。

預金・貸出・為替など銀行のサービスを受けるためだけに行く。では、それらのサービスをいつでもどこでもウェアラブル端末やスマホから受けることが可能であれば、銀行店舗へ行く必然性はないことになる。

米国ミレニアル世代のアンケートを引用しよう。

ミレニアル世代とは1981年から2000年に生まれた世代をさす。アンケートの結果、彼らの意見は次のようなものである。

・最も倒産の危険が高い産業は銀行である。

・彼らの 70%はこの 5 年間に支払手段は全く変わるであろうと考えている。

・彼らの 33%は銀行をまったく必要だと思っていない。

・彼らの 73%は銀行よりも Google, Amazon, Apple, PayPal, Square が提供する金融サービスに期待している。

これらは米国の調査ではあるが、日本にも同様の傾向が今後起きてくるであろうと予想される。このように顧客ニーズが変化してきており、伝統的な金融機関が提供する従来型の金融サービスと顧客のニーズに齟齬が生じ始めるようになったのである。

(3) 金融機関の弱体化

勢いが増してくるフィンテック業界に対して、2008 年リーマンショックを契機とする世界金融不安と世界同時不況で金融機関は経営内容が悪化した。そのため金融機関は新しい世代の新たなニーズに対処することに出遅れたのである。

3．フィンテックの活用例

第 1 章で述べた銀行の機能に対応させて、(1)決済・送金、(2) 貸出、(3) 資産運用、(4)その他の観点から示す。

(1)決済・送金

・モバイル POS

スマホやタブレットをクレジットカード決済端末として利用する。

小売店はスマホの専用アプリを立ち上げ購入金額を入力する。スマホに小型カードリーダーを取りつけクレジットカードの情報を読み取る。消費者がスマホ画面にサインして決済完了になる仕組みだ。

小売店にとってのメリットは専用カードリーダーや専用回線導入の

コストを削減し、加盟店手数料は通常よりも廉価に設定し、クレジットカードによる販売を可能にしている。また小型カードリーダーは持ち運びに便利という利便性もある。

・シームレス決済

スマホやウェアラブル端末（たとえば時計型の Apple Watch）にクレジットカードの情報を搭載しておき、小売店の専用端末にかざすと決済ができるシステムである。

iPhone に複数のカードを登録しておき、決済の都度、その中から好みのカードを選択し店頭の端末にかざし指紋認証で決済するという Apple Pay が普及に火をつけたとされる。

・生体認証

人の身体や行動の特徴で認証する技術である。前者には指紋、掌の静脈、網膜、虹彩、声紋などがある。後者には筆跡や瞬きなどがある。

・O2O (Online to Offline)

Uber ではタクシーを予約する際はアプリで行い、乗車料金は事前に登録したクレジットカードで決済される。領収書はメールで送付される。Online とは予約と自動決済のことをさし、Offline とは実際のサービス（タクシーで目的地まで客を運ぶ）をさす。

・独自のプラットフォーム決済

LINE Pay では LINE を通じて独自のプラットフォーム内で LINE ユーザーどうしが P2P で送金や決済ができる。

手続きは LINE Pay 上から相手を選び支払金額とメッセージを入力すれば、受取人の LINE Pay 口座に入金される。プラットフォーム内の金銭授受であるから、相手の銀行の口座番号やクレジットカードなどの情報は不要であるし、送金手数料は無料である。

同様のサービスに中国アリババグループのアリペイ、楽天銀行による Facebook を利用した送金サービスなどがある。また英国の TransferWise は海外送金したい同士をマッチングさせる P2P のプラットフォームを作ることで銀行の 3 分の 1 の送金手数料で、しかも迅速な海外送金を可能にした。

(2)貸出

・ビッグデータを活用した与信審査

財務諸表をもとに借り手の信用力・担保力を評価するのではなく、フィンテック企業は日々の取引情報、キャッシュフロー、物流の情報、SNS (Social Network Service) の情報、口コミ情報等、多様な情報を活用して与信審査を行う。

米国PayPalはeBayの出店事業者に取引情報をもとに短い時間で審査を行っている。操業年数の浅い事業者でも審査可能である。

日本でもアマゾン、楽天市場の出店業者対象に、それぞれ Amazon レンディングや楽天スーパービジネスローンがある。ビッグデータの活用により、従来は貸出が難しかった顧客層への貸出が可能になりつつある。

・P2P (Peer to Peer) レンディング

借り手と貸し手の金融仲介をするプラットフォームで両者を募集しマッチングさせる。自らが貸すわけではない。仲介業者は SNS (Social Network Service) やビッグデータなどを活用して借り手の信用度の分析を行う。

P2P レンディングは情報の非対称性や規模の経済性のため資金のアベイラビィティ確保に直面することの多い中小企業・零細企業にとって有益な手法であろう。貸し手にとっても少額で多様な貸出を行い、リスク分散をはかることができる。

米国の Lending Club は借り手から申し出があると借り手を審査し信用格付けと金利を決める。その後、貸し手（投資家）に情報を提供し、投資家は投資先を決める。

マッチングすると貸し手から Lending Club は貸出金を受け取り、それを借り手の指定銀行へ振り込む。借り手は毎月 Lending Club に返済し、Lending Club は返済金を貸し手に送金する。

銀行よりも低コストで運営が可能なため、借り手は銀行よりも低金利かつ迅速に資金調達でき、貸し手（投資家）は銀行の預金金利よりも高く資金運用できることになる。

・クラウドファンディング

クラウドファンディングとはWebを通じて不特定多数の人(Crowd)から出資や寄付を募る(Funding)スキームのことである。

クラウドファンディングは①寄付型、②購入型、③出資型、④貸付型の4種類に分けられる。

①寄付型

公益や福祉などの性質をもつ活動の支援を行うもので、金銭的なリターンは想定していない文字通り寄付である。

②購入型

新製品開発等のプロジェクト資金に拠出し、成果として商品を入手する。商品の前払いの形で資金調達することになるが、広報活動も兼ねている。

③出資型

投資家は事業者のプロジェクトに出資し、事業成果に連動した金銭的なリターンを受け取る。

④貸付型

上述のP2Pをさす。しかし最近では個人投資家だけでなく機関投資家が貸し手として参入するようになったため、マーケット・プレイス・レンディングとも呼ばれる。

(3)資産運用

・資産運用ロボアドバイザー

個人投資家の運用方針に基づきポートフォリオ、具体的な商品を提案する。

・家計簿サービス(PFM: Personal Financial Management)

家計に関するデータを自動的に集めて分析・表示し可視化した家計簿である。

・銀行API

API(Application Programming Interface)とは、あるソフトウエアから他のソフトウエアの機能を呼びだして利用するための接続仕様のことをさす。API を利用すると開発コストを削減することができる。グルメ情報サイトの店舗位置を Google マップで示すなどの例がある。

銀行 API とは残高照会、送金、決済などに API の仕組みを利用するものである。

マネーフォワードの HP によれば家計簿アプリ・マネーフォワードの「対応金融機関一覧」の「銀行」の欄には静岡銀行など多くの銀行名が示されている。

銀行にとっては顧客サービスを拡充できるメリットがあるが、セキュリティ確保が重要な課題であろう。

(4)その他

・仮想通貨

1970 年代にハイエクは「貨幣発行自由化論」を提唱した。一般の財やサービスと同じように貨幣も民間に任せ通貨の発行と流通は民間の自由競争に任せ、通貨を国家管理の下に置かないという考えである。このことにより経済活動も安定するとした。

わが国の法定通貨は日本国という国家の信頼が裏付けとなって国家が発行し国家が管理している。これに対してビットコインなど仮想通貨は、特定の発行主体を持たない。仮想通貨システムへの信頼が裏付けとなり成立しているシステムである。

仮想通貨が流通した背景には特定の発行主体を持たないという特質が寄与したと考えられる。

このシステムを動かすのはブロックチェーン技術である。この技術は暗号技術を用いてデータの改ざんをほぼ不可能にしたものである。しかしスケーラビリティやマイニング寡占化の問題も指摘されている。

スケーラビリティは取引量が拡大するにつれてデータ処理速度が遅くなる問題、マイニング寡占化は検証する端末が寡占化すると取引履歴改ざんのリスクが上昇するという問題である。

4．改正銀行法

2016 年 5 月 25 日「情報通信技術の進展等の環境変化に対応するための銀行法等の一部を改正する法律」が成立した。わが国の銀行は、銀行業の高度化、利用者の利便の向上に資すると見込まれる業務を営む企業に対して出資することができるようになった。これはオープン・イノベーション（同業以外も含めた外部連携によるイノベーション）が活発化している時代背景を踏まえたものであろう。

2017 年 6 月 2 日公布の「銀行法等の一部を改正する法律（改正銀行法）」では、フィンテック事業者との API を含む契約締結基準の作成・公表を求めている。これを受けて銀行ではオープン API の対応に関心が強まった。オープン API は金融サービスの高度化、利用者の利便性の向上の観点から重要とされる。

5．金融行政方針

2016 年 10 月の『平成 28 事務年度　金融行政方針』では、量的拡大競争に集中する銀行のビジネスモデルは限界であり、顧客との「共通価値の創造」を目指すことが望まれるとしている。

2017 年 11 月に金融庁が公表した『平成 29 事務年度　金融行政方針』」では業態別の法体系から機能別・横断的な法体系への見直しの検討やフィンテックを我が国の経済・金融の発展につなげていくための方策について言及し、金融機関とフィンテック企業とのオープン・イノベーション（協同・連携）を進めてゆくことが重要であるとしている。

6．フィンテックと地域金融機関の課題

今日、地域金融機関を取り巻く環境で大きな影響を与えると考えられるものは 3 つあるだろう。第一に低金利による銀行の収益悪化である。

「平成 28 事務年度金融行政方針」では地域銀行の分析として金利の低下が継続する中、銀行全体として利鞘縮小を融資拡大でカバーできず、資金利益は減少が続いており、顧客向けサービス業務（貸出・手

数料ビジネス）の利益率は、2025年3月期に地域銀行の6割超がマイナスになる可能性を指摘している。

第二は人口減少社会だ。地域金融機関は地域経済の影響を受けやすい。人口の減少は労働力人口の低下、消費の低下という生産・消費両面から地域経済に負の影響を与えると思われる。

第三はフィンテックの到来である。ビルゲイツは「銀行業は必要だが、銀行は不要だ（Banking is necessary, but Banks are not.)」と語った。銀行は低金利で収益が悪化している中、フィンテック到来によりさらに大きな打撃を受けることが予想される。なかでも規模が小さく人口減少や地域の経済状況に左右されやすい地域金融機関では影響が大きいと思われる。

フィンテックは地域金融におけるパラダイムの転換をもたらすと言っても過言ではない大きな事件である。フィンテックはFinance（金融）＋Technology（技術）の造語であるが、「金融サービスを最新のIT技術を用いて行うこと」という理解では不十分である。二つの単語の前者に重きを置き、金融が王様で、あくまでも金融が中心に座るべき存在と考えているとフィンテックに対して浅薄な理解をしてしまうことになる。

経済取引とは財・サービスを提供し、その対価としてお金を支払うことである。主役は実体の経済取引であり、金融は裏方なのである。経済学・金融論では金融とは人間の体で言えば血液にあたる重要な役割を果たすものとしている。血液は重要であることは間違いないが主役ではない。ふだんは表に出ることのない裏方であるべきなのだ。

実体経済のサービスとは利用者にとって心地よいものである。ところが金融サービスにはそのサービス自体に効用（喜び）があるというわけではない。場合によっては銀行窓口で長い時間待たされ、しかも不愉快な応対をする行員に遭遇すればマイナスの効用が発生することになる。

銀行窓口へ行くことに、ゴルフ場へ行きゴルフを楽しむような効用はまったくない。では、銀行店舗の窓口やATMのコーナーへ何のために行くのか。そこへ行かなければ送金や借入、預金などの手続きを行うことができないからだ。もしスマホでこれらのことが完了できるのであれば（スマホ操作に抵抗感がないことが条件だが）、わざわざ銀行店舗に出かけたいと思う顧客はいなくなるであろう。

IT 技術は当然ながら金融サービスのためのみに用いるわけではない。フィンテックとはIT企業が自社の顧客に様々なサービスメニューの一つとして金融サービスを提供するだけの現象なのである。フィンテックという造語の後半の単語であるIT技術にウエイトを置くのが実体経済を中心とした考え方である。そのことこそが顧客目線、生活者の視点ということになろう。

金融界にとって金融サービスはこの世の主役であったはずなのに、フィンテック到来により金融サービスは脇役にすぎず、実体経済こそが主役であるということを思い知らされることになる。これは大きなパラダイムの転換であると言えよう。

フィンテックは地理的なエリアを度外視した存在である。地域を基盤にしてきた地域金融機関にとってその存在意義が問われるときである。表 4 は地域金融機関の業務の位置づけについて示したマトリックスである。地域金融機関とは銀行業務を地理的住民に対して行う産業であり A の位置に示される。同じ銀行業務をネット上の住民に対して行うビジネスがフィンテック企業であり、表では C の位置に示される。銀行業務以外、すなわち非銀行業務をネット上の住民に対して行うのが IT 企業であり、D の位置に示される。

今後、地域金融機関が生き残るためには、A の位置から C の位置へ進出し、伝統的な銀行業務を地理的住民に対してのみならずネット上の住民に対しても行うことが必要だ。さらに B の位置にも進出し非銀行業務を行う超銀行に進化することも検討の余地があろう。

地域金融機関は市場が（曖昧な境界ではあるが）分断されていることを前提とした金融機関である。それはあくまでも「地理的」な分断である。フィンテックが浸透すれば「地理的」な分断はなくなり、従来までの「地域」のハードルが消滅することになる。

表4　地域金融機関の業務の位置づけ

	銀行業務	非銀行業務
地理的住民	A　地域金融機関	B　超銀行
ネット上住民	C　フィンテック企業	D　IT企業

今まで離れた地域の地域金融機関は競合しないことが大前提であった地域金融の実質的な「縄張り」が崩れたことになる。このことは競争相手が増え、脅威とも言えるし、ビジネスチャンスが増えたとも言える。

フィンテックのプラットフォームを使った送金（特に海外への送金）は銀行よりも安い。あるいは無料である。このことは今後、為替手数料などに関して価格競争が激化することが予想され、銀行の収益は悪化するであろう。

日本でも貸金業法が改正されれば、レンディングクラブのような貸出機関が活発に設立される可能性がある。銀行よりも安く借り、高い金利で預入できるのであれば多くの顧客が銀行からフィンテックベンチャーへ流れるであろう。視点はどこにあるのか。顧客本位・利用者目線で金融サービスを行うことがより必要になってくるであろう。

第２０章　コロナ対策と資本性劣後ローン

新型コロナウイルス感染症対策の融資として、政府系金融機関や地域金融機関は中小企業に対して様々な支援を行っている。

無担保・無保証融資などは、文字通り担保や保証人を必要としない融資ということで理解しやすいであろう。本章では資本性劣後ローンについて説明する。

劣後ローンは企業が経営破綻した際、銀行が債権回収できる順番が通常の融資に比して劣後するローンのことをさす。

中小企業は資金調達を銀行借入に依存することが多い。通常の融資は貸借対照表では負債に位置づけられるが、資本性劣後ローンによる融資は負債と資本の間に位置する。このためハイブリッドローンとも言われる。普通株よりも配当を受け取りやすい優先株などとあわせてメザニン（中二階）とも称される。

通常の融資を受けた貸借対照表は、負債割合が高まり、自己資本比率が低下し、安全性が低下したと評価される。資本性劣後ローンによる融資を受けた貸借対照表は、資本が増強され財務状況が改善されたという評価を受けることになる。

政府系金融機関などから劣後ローンで資金調達をした企業は、民間の銀行からは企業の財務の健全性が高まったと評価され、一般の融資を受けやすくなるという呼び水になる効果もある。

資本性劣後ローンの「劣後」という言葉は、「劣る」「後ろ」というマイナスなイメージを与えるかもしれない。しかし、資金の貸し手にとって「劣後」なのであり、借り手企業にとって「劣後」なのではない。

企業破綻の場合、企業の残余財産を整理し債権者に分配することになる。資産は、債権の種類によって優先順位を決めて分配することになるが、「劣後」とされるものは分配の優先順位が低くなる。

借り手企業が債務超過で破綻した場合、貸し手は資金を回収できないこともある。

つまり、会社が倒産した場合などに回収可能性が極めて低い資金であるため、資本に近い資金として、「資本性」「劣後」という名称がつけられ、貸借対照表上では資本にみなされる。

貸付期間内は利息のみを毎月支払い、期間終了時に元本を一括で返済する。

貸し手の銀行からすれば、一般融資と比べてリスクの高い資金を提供するため、貸出金利は通常の融資よりも高く設定される。

表 5 は、日本政策金融公庫の「新型コロナ対策資本性劣後ローン」の利率表（2020 年 8 月 11 日現在）である。融資後 1 年ごとに、直近決算の業績（税引き後当期純利益）に応じて 2 区分の貸出金利が適用されている。

ただし融資後 3 年間は、税引き後当期純利益額を問わず、利率は 1.05%となる。返済期間は 5 年 1 カ月、10 年、20 年のいずれかである。

表5　新型コロナ対策資本性劣後ローン貸出金利

税引き後当期純利益額	5年1カ月	10年	20年
0円以上	3.40%	3.40%	4.80%
0円未満	1.05%	1.05%	1.05%

ただし融資後3年間は、税引後当期純利益額を問わず、
利率は1.05%となる
出所：日本政策金融公庫HP（2020年8月12日現在）

第Ⅳ部

企業財務と証券業

第２１章　株式会社と上場制度

1.「会社」の歴史

会社の歴史を語るために時代は大航海時代、場所はヨーロッパへと飛ぶ。15 世紀末からヨーロッパは海を通じて世界へ進出した。大航海時代には羅針盤が実用化し、造船技術も発達した。

この時代にヨーロッパでは共同資本で大規模な会社が設立された。一航海ごとに出資を募り、その航海が終わると配当し清算し、会社を解散したのである。オランダは 1602 年にオランダ東インド会社を設立し香料の産地の東アジアに進出し、アメリカにも植民地を持ち、奴隷貿易にも加わった。1609 年にアムステルダム銀行を設立し、アムステルダムは商品市場・金融で世界の中心となり、17 世紀のオランダは経済的繁栄をきわめた。

ちなみに、この頃の日本の出来事と言えば、1600 年に関ケ原の戦いが起きている。1603 年は家康が江戸に徳川幕府を開く年である。キリスト教を禁止し、鎖国政策が強化されてゆく。1639 年にはポルトガル人の来航を禁止し、ヨーロッパ諸国の中でオランダだけが交易を認められる。

18 世紀初頭、製鉄法が開発された。工業燃料は木炭から石炭へと転換していった。蒸気機関がワットにより改良され、紡績機に使用されるようになり、生産性を向上させた。こうして 18 世紀後半のイギリスで、機械や動力による機械製工場が展開された。これを機に経済・社会・生活が変り、産業革命、あるいは工業化と呼ばれた。

産業革命、工業化は資本主義をますます発展させた。多額の資本を集めるのに都合がよい株式会社は工業化の進展とともに普及していったのである。

17、18 世紀の重商主義の時代に、イギリス・オランダは王室や政府の特許状により株式会社を設立した。イギリスの東インド会社は、1662 年から永久資本をもち、株式制度と株主総会をもった株式会社の原型をなしている。

日本では 18 世紀以前は麻・木綿・絹を地機で織っていた農村家内手工業と言われる時代だった。18 世紀になると資本を持つ地主や問屋商人が農家に原料・器具や資金を前貸しして、製品と引き換えに加工賃を払うという問屋制家内工業が次第に広まっていった。

さらに 19 世紀になると問屋制家内工業が一層、進展し、分業と協業による手工業的（資本的）生産を行うマニュファクチュア（工場制手工業）が行われるようになった。具体的には、地主や問屋商人が工場を作り、奉公人（賃労働者）を集めて分業による作業（手工業生産）を行うというものである。工場製手工業は酒・醤油などの醸造業では早くから実施されていた。酒造業の例には伊丹・池田・灘などがある。

近世後期では織物業・鋳物業などでも工場製手工業が見られるようになった。絹織物業では西陣・桐生・足利、綿織物業では尾張・摂津・河内などが知られている。

日本では 1872 年（明治 5）の国立銀行が最初の株式会社で、その後、明治 20 年ころから銀行、保険、鉄道、海運、紡績などで株式会社が普及していった。

巨大な資本を集め、ビジネスを効率的に行うことが目的であった株式会社は次第に企業の社会的責任（CSR）が要求されるようになってきた。CSR とは Corporate Social Responsibility の略である。

コーポレートガバナンスについて言及されることも多くなった。
日本語では企業統治と訳される。経営を行う際に株主と株主以外の利害関係者（従業員、取引先、顧客等）との調整が重要になってくる。

社会・環境への配慮も重要とされる。これらは Environment, Social,

Governance の頭文字をとって ESG という語で語られている。この ESG を考慮した投資が ESG 投資である。

2．株式会社

株式会社とは、出資額を限度とする有限責任の社員（株主）が構成する会社のことである。株主は通常のリスクを引き受け、業績が悪いと配当を受け取れず、業績が良くなると多額の配当を受け取る。

株式には流通性があり、株主は売却して換金化することが可能である。もし企業が破綻しても、株主の責任は当初の出資額に限定されている。

株式会社は出資者数や 1 人あたりの所有株数に制限がないので、大規模な事業経営に適している。会社の所有と経営が分離している。株主は通常年 1 回の株主総会に参加することで会社の経営に参加するが、実際の株式会社の経営は経営者（代表取締役社長）が行っている。

株主の権利は経済的利益に関する自益権と経営参加に関する共益権の二つに大別される。自益権は配当を受ける利益配当請求権、会社が解散した場合に残余財産を受け取る権利である残余財産分配請求権、株式買取請求権、新株引受権などがある。

共益権には株主総会に参加して、役員の選任、決算書類の承認、経営方針など重要な決議を行う議決権がある。この他、共益権には、代表訴訟提起権、株主提案権、総会招集権、役員解任請求権などがある。

発行済株式数とは株式会社が、その時点で発行している株式の総数のことである。株式の発行枠は定款で定められているから、もちろん発行済株式数はその範囲内のはずである。

株式は普通株式が一般的である。種類株式は普通株式に対して株主の権利を特定の内容や範囲に限ったもので、優先株、劣後株、議決権制限株などがある。

優先株は、利益の配当や会社が解散する際の残余財産の分配などが優先的に受けられる株式のことである。劣後株は逆に普通株に比して権利が劣後して扱われる。

3．証券取引所

1878年の東京株式取引所設立に伴い、注文を取り次ぐための証券会社が設立された。1949年には証券会社を会員とする東京証券取引所、大阪証券取引所が設立された。その後、名古屋、札幌、福岡、京都、広島、新潟に証券取引所ができた。有価証券等の売買を行う場所が証券取引所である。

現在は、京都、広島、新潟の証券取引所は廃止されている。また東京証券取引所、大阪証券取引所は統合し、日本取引所グループの傘下となった。日本取引所グループは、東証一部、二部、マザーズ、ジャスダック、TOKYO PRO Marketなどを有する。

東証には現在、4つの市場がある。すなわち大企業を中心とする東証一部、中堅企業が相手の東証二部、ベンチャーを対象とするマザーズ、ジャスダックである。東証一部の企業の時価総額は20兆円から20億円の企業が混在している。

このため東証は2019年3月に、4つの市場から3つの市場に見直す方針を公表した。つまり、プレミアム市場、スタンダード市場、エントリー市場である。プレミアム市場はもっとも厳しい基準が要求されることになる。

4．上場の意義

日本取引所グループHPには、「上場のメリット」が3点あげられている。以下のとおりその3点を引用する。

「(1) 資金調達の円滑化・多様化

上場会社は、取引所市場における高い流動性を背景に発行市場において公募による時価発行増資、新株予約権・新株予約権付社債の発行など、直接金融の道が開かれ、資金調達能力が増大することにより成長のための資金調達の円滑化・多様化を図ることができます。

（2）企業の知名度の向上
　上場会社となることによって、株式市況欄をはじめとする新聞報道などの機会が増えることにより、会社の知名度が向上するとともに、優秀な人材を確保できます。
（3）社内管理体制の充実と従業員の士気の向上
　企業情報の開示を行うこととなり、投資者をはじめとした第三者のチェックを受けることから、組織的な企業運営がなされ、会社の内部管理体制の充実が図られます。また、パブリックカンパニーとなることにより、役員・従業員のモチベーションが向上することにもなります」

　上場会社になると、様々なメリットを享受できると言われている一方、上場会社の発行する有価証券は、不特定多数の投資者の投資対象物件となるので、投資者保護の観点から、決算発表、企業内容の適時適切な開示等が要求されるなど、新たな社会的責任や義務が生じることにもなる。

5．上場制度

　銀行取引のような相対型取引では、情報の非対称性を緩和するために情報生産が重要になってくる。そのため時間をかけて情報生産を行う。
　市場型取引の場合には、不特定多数の参加者によって競争が行われる。そのため、参加者の質が一定以上の水準を保つことが必要になってくる。
　このため、証券取引所で取引の対象となる株式は上場していることが必要である。このため新規上場制度、上場管理制度などがある。新規上場に際しては、上場審査基準にもとづいた審査が行われる。
　日本取引所グループ HP では、東証一部、二部上場審査基準の「形式要件（内国株）」には次のような 12 の項目が示されている。
(1) 株主数（上場時見込み）

（2）流通株式（上場時見込み）
（3）時価総額（上場時見込み）
（4）事業継続年数
（5）純資産の額（上場時見込み）
（6）利益の額又は時価総額（利益の額については、連結経常利益金額に少数株主損益を加減）
（7）虚偽記載又は不適正意見等
（8）株式事務代行機関の設置
（9）単元株式数及び株券の種類
（10）株式の譲渡制限
（11）指定振替機関における取扱い
（12）合併等の実施の見込み

日本取引所グループ HP では、さらに「上場審査の内容」として次の 5 項目とその内容が示されている。
①企業の継続性及び収益性
継続的に事業を営み、かつ、安定的な収益基盤を有していること
②企業経営の健全性
事業を公正かつ忠実に遂行していること
③企業のコーポレートガバナンス及び内部管理体制の有効性
コーポレートガバナンス及び内部管理体制が適切に整備され、機能していること
④企業内容等の開示の適正性
企業内容等の開示を適正に行うことができる状況にあること
⑤その他公益又は投資者保護の観点から東証が必要と認める事項

また上場管理制度は上場後の適格性を維持するための制度であり、次のことを行っている。
①適時開示に係る審査
②企業行動規範に係る審査

③上場会社等に対する措置等の決定
④上場廃止に係る審査

6．IPO

未公開株は証券取引所で公開されておらず、自由な売買が制限されており、経営者や創業者一族など特定の少数の株主が保有している。

証券市場に上場すること、すなわち新規公開することをIPO（Initial Public Offering）という。

IPOのメリットとディメリットをEY新日本有限責任監査法人（2020）にもとづき整理してみよう。まずメリットからである。

IPO を行う企業のメリットには資金調達の選択肢が広くなり、財務内容が強化されること、会社の知名度が高くなり優秀な人材が集めやすいこと、会社の管理体制が充実し、コーポ―レートガバナンスが確立するなどがある。

株主に対するメリットとして、内部管理体制の構築による投資適格性を示し、公募増資などが可能になる。債権者に対しては、監査法人による監査が行われた信頼性の高い財務諸表を提供することにより、融資条件を向上させることができる。

取引先や一般消費者にとっては、上場による信頼性・社会的知名度が向上するというメリットがある。経営者は所有株式を売却することにより創業者利潤を入手することができる。

従業員は勤務先が上場企業であることに対する誇りをもつことができる。株式価値の増大に向けたモチベーションを形成し、インセンティブ制度の多様化を図ることができる。

株主は投資適格性の確保により投資リスクを軽減できる。また公正な株価が形成されることによる所有株式の価値を明確化できる。さらに売買を容易にし、流動性を高めることができる。

これらのメリット対して次のようなディメリットもある。経営者は株式が買占めされることに対する防衛を考えなければならない。そのためのコストや事務負担が増加する。

総務は株主総会への対策や株式関係の事務対応で負担が増える。経理はディスクロージャーへの対応が必要である。なお開示遅延の場合には罰則もある。さらに上場企業としての社会的責任も増し、コンプライアンスへの対応が必要になる。取引所、株主名義管理人、監査法人等に対する固定的なコストが発生し、IR や広報など上場維持のための事務対応などの負担も増える。

このようなディメリットのため最近では上場企業が MBO の手法により非公開化する例もある。

第２２章　証券会社

証券会社とは金融商品取引法により証券の売買を行う金融機関のことである。証券取引法は 2007 年 9 月 30 日に金融商品取引法に名称が変更になった。

これにともない、証券会社は「金融商品取引業者」となったが、経過措置として証券会社の名称使用が認められている。証券会社の業務は以下の 4 つある。

①アンダーライティング業務

第三者が発行した証券を証券会社がまとめて買い取り、投資家へ転売する取引をさす。証券会社が行う「引き受け」、「売り出し」業務のことである。証券会社は売れ残りのリスクを負うことになる。

もっとも有名なアンダーライティング業務は IPO である。IPO は新規に上場する企業の株式を投資家に販売することをさす。

②セリング業務

発行体である企業などの委託を受けて、新たに発行された証券を販売する業務をさす。証券会社は売れ残りのリスクを負わなくてよい。

新しく発行する株式や債券などを投資家に販売することを「募集」といい、すでに発行されている株式や債券などを投資家に販売することを「売り出し」という。

③ディーリング業務

証券会社が利益を得る目的で自ら投資家として証券の売買を行う取

引をさす。顧客からの取引注文をもとに売買することを委託売買、ディーラーが売買することを自己売買という。

取り扱う金額が大きく、ファンダメンタル分析、テクニカル分析など情報を収集して分析する能力が要求される。損失が発生した場合、損切りのタイミングを判断することも大切だ。

④ブローカー業務

投資家から受けた売買注文を市場に取り次ぐ仕事である。通常、多くの証券会社にとって主力の業務である。売買が成立した場合には、売買手数料を証券会社は得る。

営業の仕事はリテールとホールセールがある。リテールは個人や中小企業を相手にする。大企業や保険会社・年金基金など機関投資家を相手にするのがホールセールである。

第２３章　ファイナンスの基礎

１．平均・分散アプローチ

退職金などまとまったお金を手にしたとき、我々は様々な金融資産をどのように選択しようとするだろうか。こうした選択を考察するのが資産選択の理論である。

日常用語で「リスク」という言葉は様々な使い方をする。平均・分散アプローチではリスクは収益の変動、バラツキと考える。

つまり、リスクは収益の分散（σ^2：シグマ二乗）もしくは分散の正の平方根をとった標準偏差（$\sqrt{\sigma^2}$）で示される。

リスクに対する行動パターンは３通りある。

①危険回避者

リスクを避けたい、危険（変動）を嫌う人を危険回避者と呼ぶ。横軸にリスク、縦軸にリターンをとったリスク・リターン平面を想定する。ここで、リスクは金融資産の収益率の標準偏差、リターンは金融資産の収益率の平均値（期待収益率）とする。

危険回避者の無差別曲線をリスク・リターン平面に描くと右上がりになる。なぜならば、リスクが増大した場合、危険回避者は、同一の効用（満足）水準を保つためには、リスクが増えた分だけ、見返りが欲しいと考えるからだ。見返りは金利の上乗せ（プレミアム）の要求という形になって発現される。

②危険中立者

リスク回避者のようにリスク増加分の金利上乗せを要求する人ばかりとは限らない。危険について反応しない人を危険中立者と呼ぶ。危険中立者の無差別曲線は水平になる。

③危険愛好者

また危険回避者の正反対の概念として危険愛好者がいる。危険愛好者の無差別曲線は右下がりになる。

運用する資産を株式、債券、国債、銀行預金など、それぞれに対していかなる割合で配分するかを決定することをポートフォリオ選択という。

マコービッツの平均・分散アプローチは、それぞれの資産の収益率の分散、期待収益率、および共分散を用いて、投資家のリスク選好にあわせて最適なポートフォリオを作ることを提案している。

このことが意味するのは、個々にはリスクの高い金融商品があってもリスクを打ち消しあえばポートフォリオ全体のリスクを下げ、安全度を高めることができるということである。これがポートフォリオの危険分散効果である。

2．資産市場の効率性

前節では金融資産の収益率やリスクは所与（外政変数）とした上で考察した。では資産の収益率（価格）はどのように決まるのだろうか。たとえば株価を想定する。

株価は需要と供給で決まるが、そのためには情報が共有されていることが、信頼できる証券市場の条件となる。株価が常に情報を十分に反映した水準に決定されているという仮説を効率的市場仮説といい、3つに分類される。

①ウイークフォームの効率性

過去の株価の情報は現在の株価の形成に十分反映されているので、株価情報で利益を得ることは不可能とする仮説である。また将来の株価に関しては、過去の情報を使って予測することは不可能であるとする。したがって、実務で多く活用されているテクニカル分析はウイークフォームの効率性仮説にもとづけば無意味ということになる。
②セミストロングフォームの効率性
公開情報（たとえば企業の財務諸表や業界の統計データなど）が十分に利用されて株価は形成されているため、情報公開の段階で瞬時に株価に反映される。したがって公開情報を用いた企業研究で利益を得ることはできないとする仮説である。
③ストロングフォームの効率性
この仮説は②をさらに進め、公開していない情報についても株価はすでに織り込み済みだと考える。たとえば、新型コロナの特効薬を某製薬会社が開発したというインサイダー情報を持っていて、株価がまだ低いうちに株を買おうとする者がいたとしよう。
しかし、この株価が今であれば割安だと考える特別な情報（つまりインサイダー情報）を持っているのだと投資家が判断すれば、売り手は現行価格では売らずに売り値が引き上げられることになる。
結局、インサイダーは利潤を入手することができないとする仮説である。なお、ストロングフォームの効率性の仮説が成立するか否かを問わず、インサイダー取引は金融商品取引法で規制されている違法行為であることには変わりはない。念のため書き添えておく。

３．ＣＡＰＭ理論

CAPM（Capital Asset Pricing Model）は資産価格決定モデルのことで、キャップエムと読む。第 1 節の平均・分散アプローチで述べたように個別の金融商品を組み合わせてポートフォリオを構成すると、各金融商品の固有のリスクは分散効果により打ち消すことはできる。
しかし、市場全体のリスクなど消すことのできないリスクは残る。このマーケット全体のリスクに対するある証券 i の感応度をβ（ベータ）という。βi は次のように示される。

$\beta_i = \frac{\sigma_{im}}{\sigma_m^2}$　　ただし、分子はある証券 i とマーケットとの共分散、

分母はマーケットの分散を示す。

第２４章　投資決定の理論

１．現在価値（ＰＶ）

投資の採算性を判断するには、時間の概念を考慮する必要がある。これが現在価値（PV：Present Value）の概念である。つまり将来発生するキャッシュフローが、現在ではどれくらいの価値があるのか換算する必要がある。

PV の概念を使えば実施期間の異なるプロジェクトの比較も可能になる。たとえば、あなたは宝くじに当選したとしよう。宝くじの懸賞金受け取りの方法は下記のように現金、債券、貸出債権という選択肢が 3 案あり、自由に選択可能とする。あなたはいずれを選ぶだろうか。

①現金。現金 90 万円を今すぐに受け取ることができる。
②P 国の国債。2 年後に額面 100 万円の償還を受け取ることができる。利子はつかないとする。
③Q 社に対する貸出債権。3 年後の貸出返済期日に 120 万円の貸出の一括返済を受け取ることができる。利子はつかないとする。

この 3 案は時間がすべて異なるため、比較をするためには現在の価値に換算することが必要だ。将来のキャッシュフロー（CF）を現在の価値に換算するためには割引率（Discount Rate）を用いる。

キャッシュフローとは、キャッシュの流れのことである。つまり、ある期間の企業の事業活動において受け取ったキャッシュから支払ったキャッシュを差し引いたもののことである。

P国では国債など安全資産に運用する際の金利を仮に2%だとしよう。割引率はこの2%を用いることにしよう。

現在価値PVは次の式で定義される。

$$PV=\frac{CF_n}{(1+r_t)^n}$$

PV：CF_nの現在における価値＝現在価値

CF_n：n年度に受け取るキャッシュフロー

r_t：t年度における金利＝割引率 Discount Rate

なお、キャッシュフローが複数ある場合は上記を下記のように合計する。

$$PV=\frac{CF_1}{(1+r_1)^1}+\frac{CF_2}{(1+r_2)^2}+\frac{CF_3}{(1+r_3)^3}+\cdots+\frac{CF_n}{(1+r_n)^n}=\Sigma\ \frac{CF_t}{(1+r_t)^t}$$

この定義式から①②③のPVをそれぞれ計算してみよう。

①はいうまでもなく、¥900,000

②の $PV=\frac{1,000,000}{(1+0.02)^2}$=¥961,168

③の $PV=\frac{1,200,000}{(1+0.02)^3}$=¥1,130,786

この結果からすれば③がもっとも経済合理的な選択ということになる。しかし、③の選択に関しては二つ考慮すべき問題点がある。まず③はQ社に対する貸出債権であったが、貸出返済期日に確実に一括返済されるのかどうかというリスクがあるという点である。

またQ社が優良企業かそうでないかによって、リスクを考慮して適用金利は異なってくる。上記の例ではP国の国債と同じ2%を用いたが、Q社に対しての貸出金利は10%が妥当であったとして、割引率も10%

を適用してみよう。

③の $PV=\frac{1,200,000}{(1+0.1)^3}$=¥901,577

この結果から、③案は②案よりも現在価値が低いということになり、また①案に比しても、現在価値はわずかな差しかないことが明らかになる。②案を選ぶのが経済合理的な選択ということになる。

2．正味現在価値（NPV）

新製品開発、投資、企業買収など様々なプロジェクトの採算性は、現在価値と投資コストの差で求められる。この差のことを純現在価値あるいは正味現在価値（NPV：Net Present Value）という。

正味現在価値が正であれば、検討中のプロジェクトを実行すれば利益が得られると判断できる。正味現在価値の額が利益の額である。

正味現在価値（NPV）は次の式で示されるように、上述の現在価値PVから、プロジェクトの初期投資額を控除したものとして定義される。

$$NPV=PV-I=\Sigma \frac{CF_t}{(1+r_t)^t}-I$$

ただし

I：プロジェクトの初期投資額をさす。

第２５章　ＥＳＧ投資となでしこ銘柄

SDGsという言葉は、すでに中学入試にも登場し、多くの企業でも積極的に取り入れている。各企業のHPでも頻繁にSDGsに関する記述が見られるようになった。本章では、SDGsと類似した語であるESG投資について整理してみよう。

また、女性の活躍を推進する「なでしこ銘柄」についてもみてみたい。

１．SDGs

2015年9月に持続可能な開発目標（SDGs: Sustainable Development Goals）が国連総会で採択され、人間、地球および人類の繁栄のための行動計画として掲げられた。

国や組織等が目指すべき17の目標と169のターゲットがある。17の目標について以下に示す（「国連広報センター」HP「外務省仮訳」）。

①あらゆる場所のあらゆる形態の貧困を終わらせる。

②飢餓を終わらせ、食料安全保障及び栄養改善を実現し、持続可能な農業を促進する。

③あらゆる年齢のすべての人々の健康的な生活を確保し、福祉を促進する。

④すべての人々への包摂的かつ公正な質の高い教育を提供し、生涯学習の機会を促進する。

⑤ジェンダー平等を達成し、すべての女性及び女児の能力強化を行う。
⑥すべての人々の水と衛生の利用可能性と持続可能な管理を確保する。
⑦すべての人々の、安価かつ信頼できる持続可能な近代的エネルギーへのアクセスを確保する。
⑧包摂的かつ持続可能な経済成長及びすべての人々の完全かつ生産的な雇用と働きがいのある人間らしい雇用（デイーセント・ワーク）を促進する。
⑨強靭（レジリエント）なインフラ構築、包摂的かつ持続可能な産業化の促進及びイノベーションの推進を図る。
⑩各国内及び各国間の不平等を是正する。
⑪包摂的で安全かつ強靭（レジリエント）で持続可能な都市及び人間居住を実現する。
⑫持続可能な生産消費形態を確保する。
⑬気候変動及びその影響を軽減するための緊急対策を講じる。
⑭持続可能な開発のために海洋・海洋資源を保全し、持続可能な形で利用する。
⑮陸域生態系の保護、回復、持続可能な利用の推進、持続可能な森林の経営、砂漠化への対処、ならびに土地の劣化の阻止・回復及び生物多様性の損失を阻止する。
⑯持続可能な開発のための平和で包摂的な社会を促進し、すべての人々に司法へのアクセスを提供し、あらゆるレベルにおいて効果的で説明責任のある包摂的な制度を構築する。
⑰持続可能な開発のための実施手段を強化し、グローバル・パートナーシップを活性化する。

国連グローバルコンパクトは SDG Compass というガイドブックを発行し、企業の行動指針を示している。企業の SDGs に対する取り組みは５段階に分かれる。

①SDGsを理解する。②SDGsの優先課題（マテリアリティ）を決める。③目標の設定。④自社の計画に取りこむ、つまり経営へ統合する。⑤報告とコミュニケーションを行う。

企業はSDGsの内容をよく理解し、自社の長期経営ストラテジーにどう組み込むか慎重に検討した上で、上記の段階を順に検討して意思決定を行うのがよいであろう。

上記17のSDGsの目標すべてを対象にする必要はない。自社の資源と長期ストラテジーに合わせて、選択と集中で自社の重要課題を絞りこむ必要があるだろう。

2．ESG投資

ESGとはEnvironment, Social, Governance、すなわち環境、社会、ガバナンスを意味する。企業（特に株式会社）がステークホルダーとの良好な関係を築くために必要な観点として世界的に最近注目されるようになった。

この背景には2015年9月にSDGs (Sustainable Development Goals)が国連総会で採択されたことがある。「持続可能な開発目標」と訳される。国や組織が目指すべき17の目標と169のターゲットが記されている。

ESGはSDGsの目標に含まれるため、政府、NPO、企業経営者、投資家、市民のESGに対する関心が高まった。

2018 Global Sustainable Investment Reviewによれば、世界の主な5市場（ヨーロパ、米国、日本、カナダ、オーストラリア・ニュージーランド）の2018年のglobal sustainable investing assetsの額は30.7兆米ドルである。

内、日本は2兆1800億米ドルで5市場の中で7.1%のシェアを占める。ちなみに最も大きなシェアを占めるのはヨーロッパで14兆ドル、45%である。次に米国の11兆ドル、39%と続く。

日本のシェアは低いが、短期間に急成長している。2014-2016年の間の伸びは6692%、2016-2018年の伸びは307%で、他の地域が二桁の伸び率であるのに対して、日本は大きな伸びを示している。今後、大きな市場となることが予想される。

ESG 投資にはどのような種類があるのだろうか。GSIA（Global Sustainable Investment Alliance）は 2018 Global Sustainable Investment Review の中で ESG 投資を以下の 7 種類に分類している。GSIA は持続可能な投資を普及するための国際組織である。Sustainable Japan の HP を参考にして、7 つの手法を説明している。

①Negative/exclusionary screening

宗教や倫理観・環境破壊の観点等から特定の業界・企業を投資対象としない投資手法をネガティブ・スクリーニングと言う。アルコール製品、煙草、ポルノ、ギャンブル、武器、原子力発電、動物実験、遺伝子組み換え作物等がある。

②Positive/best-in-class screening

ESG に優れた銘柄のみを選抜して投資する。

③Norms-based screening

環境破壊や人権侵害等国際的規範を基に、基準を満たしていない企業を投資対象から除外する方法。たとえば ILO（国際労働機関）が定める児童労働や強制労働の規範等がある。

④ESG integration

投資先判断の中に財務情報だけでなく、非財務情報（ESG 情報）を織りこんで判断しようとするものである。

⑤Sustainability themed investing

特定のテーマを設定し、それに関連する企業の株式や債券に限定した投資手法である。たとえば、「エコファンド」「水ファンド」「再生可能エネルギーファンド」など。

⑥Impact/community investing

社会的インパクトや環境インパクトを重視した投資手法である。このインパクトを行う企業には Social Enterprise と称する非上場企業が多い領域である。

⑦Corporate engagement and shareholder action

エンゲージメントとは投資先企業や投資を検討している企業に対して特定のアクションやポリシーを採るよう働きかけることを言う。

shareholder action（議決権行使）とは、エンゲージメントよりさらに強力で、株主総会の場所で議決権を行使することを指す。しかし最近は、これらは株主の「権利」ではなく「責任」とみなす風潮にあり、日本版スチュワードシップ・コードの中でも、エンゲージメントや議決権行使は株主の「責任」と位置づけられている。

投資家はこのような観点から企業への投資を意図的に行う、あるいは避けるという行動をとる。また若い世代も企業が社会的責任を果たしているのかという目で就職先を考える傾向は次第に増えてゆくであろう。企業経営者はそれらの視点を考慮した経営を行うことが期待される。

ESG はこのように投資家が企業を評価するポイントである。それに対して SDGs（持続可能な開発目標）は企業が目指すべき目標である。SDGs は社会課題発見の機会になるであろう。企業は SDGs により経済価値を高め、またリスク管理として SDGs を活用できるであろう。

企業は ESG と SDGs を独立したものとするのではなく、両者を整理・体系化して、自社のマテリアリティ（重要課題）を自社の長期ストラテジーとあわせて検討することが必要であろう。

3．なでしこ銘柄

経済産業省は、東京証券取引所と共同で、2012 年度より女性活躍推進に優れた上場企業を「なでしこ銘柄」として選定し、発表している。経済産業省 HP では、なでしこ銘柄について、次のように説明している。

なでしこ銘柄は、「女性活躍推進」に優れた上場企業を「中長期の企業価値向上」を重視する投資家にとって魅力ある銘柄として紹介することを通じて、企業への投資を促進し、各社の取組を加速化していくことを狙いとしている。

また、「なでしこ銘柄」選定に加えて、女性活躍推進に優れた企業をより幅広い視点で評価する観点から「準なでしこ」を選定するとともに、「なでしこチャレンジ企業」リストを作成している。

一定のスクリーニング要件を通過した企業について、女性活躍度調査のスコアリング結果に財務指標（ROE）による加点を経て、業種ごとに「なでしこ銘柄」を選定している。

また、全体順位上位のスコアの企業のうち、「なでしこ銘柄」として選定されなかった企業を、「準なでしこ」として業種を問わず選定している。

令和元年度「なでしこ銘柄」に選定された企業は、経済産業省 HP「女性活躍に優れた上場企業を選定『なでしこ銘柄』」によれば、カルビー株式会社、アサヒグループホールディングス株式会社、日本たばこ産業株式会社、コスモエネルギーホールディングス株式会社、株式会社熊谷組、株式会社協和エクシオ、帝人株式会社、特種東海製紙株式会社、積水化学工業株式会社、花王株式会社、ＤＩＣ株式会社、大塚ホールディングス株式会社、ＡＧＣ株式会社、日立金属株式会社、古河電気工業株式会社、株式会社ＬＩＸＩＬグループ、ダイキン工業株式会社、日本精工株式会社、オムロン株式会社、株式会社堀場製作所、株式会社ブリヂストン、株式会社島津製作所、凸版印刷株式会社、東京瓦斯株式会社、東急株式会社、日本郵船株式会社、株式会社野村総合研究所、株式会社エヌ・ティ・ティ・データ、ＳＣＳＫ株式会社、双日株式会社、三井物産株式会社、株式会社日立ハイテク、株式会社丸井グループ、イオン株式会社、三井住友トラスト・ホールディングス株式会社、株式会社三井住友フィナンシャルグループ、株式会社千葉銀行、株式会社みずほフィナンシャルグループ、株式会社高知銀行、株式会社大和証券グループ本社、ＳＯＭＰＯホールディングス株式会社、ＭＳ＆ＡＤインシュアランスグループホールディングス株式会社 、ケイアイスター不動産株式会社、イオンモール株式会社、ギグワークス株式会社、株式会社ルネサンスの４６社（経済産業省 HP の掲載順）である。

第２６章　Ｍ＆Ａ

１．Ｍ＆Ａ

M&A（エムアンドエー）は、企業の合併（Mergers）や買収（Acquisitions）の総称である。合併とは複数のビジネスを一つに統合することで、買収とはある企業が他の企業の議決権株式の過半数を買い取ったり、事業部門の資産を買い取ったりすることである。

買い手は新規事業を新たに開始するよりも M&A のほうが時間コストを短縮できる。事業拡大、事業の強化、競争力・収益性の向上など１＋１が 2 ではなく、2 を超えるシナジー効果を期待して M&A が行われる。

売り手側のメリットとしては創業者利潤を得ることや、不採算部門を売却することにより、本体をスリム化し選択と集中で自社の重点部門に経営資源を投入することが可能になる。

日本の中小企業の M&A の譲渡側の動機として多いのは、後継者問題や事業の将来性への不安である。

中小企業庁の『中小企業・小規模事業者における M&A の現状と課題』および『事業承継・創業政策』によれば、中小企業・小規模事業者の事業承継は喫緊の課題として次のように述べられている。

「2025 年までに、70 歳(平均引退年齢)を超える中小企業・小規模事業者の経営者は約 245 万人となり、うち約半数の 127 万(日本企業全体の 1/3)が後継者未定。現状を放置すると、中小企業・小規模事業者廃業の急増により、2025 年までの累計で約 650 万人の雇用、約 22 兆円の GDP

が失われる可能性。第三者承継のニーズが顕在化する経営者は今後一気に増大する可能性」と述べ、事業承継・再編・統合により新陳代謝の促進を中小企業庁は提唱している。

なお、上記のシミュレーションは、2025 年までに経営者が 70 歳を越える法人の 31%、個人事業者の 65%が廃業すると仮定。雇用者は 2009 年から 2014 年までの間に廃業した中小企業で雇用されていた従業員数の平均値(5.13 人)、付加価値は 2011 年度における法人・個人事業主 1 者あたりの付加価値をそれぞれ使用(法人：6,065 万円、個人：526 万円)している。

創業経営者が後継者難に直面しているが、社内や親族に後継者がみつからないからとして、清算や廃業すれば、従業員が失業することになり、結果として友好的な M&A がさかんになってきている。

メガバンク、証券会社、地域金融機関、M&A 専門会社は、対象企業の選定、買収方法の選択・実行、買収対象先企業との交渉、買収資金の調達支援など総合的な M&A サービスをフィービジネスとして展開している。

特に、メガバンクや地方銀行は低金利による収益悪化の中、M&A ビジネスによる手数料収入に加えて、買収資金による貸出増加にも期待している。

2．M＆Aの目的

M&A の目的には、1 規模の拡大、2 事業の多角化、3 垂直統合、4 地理的拡大、5 救済の 5 種類が考えられる。

2．1　規模の拡大

売上など企業規模の拡大のためにもっとも効率的な方法は同業の企業を買収することである。規模の拡大は市場支配力やブランド認知力を高め、コストパフォーマンスも向上する。

また新たな市場にも参入しやすくするという効果が期待できる。ただし、規模の拡大には独占禁止法の制約がある。

2．2　事業の多角化

多角化についてアンゾフにもとづき説明する。多角化には 4 つのメリットがあると考えられる。すなわち、①リスク分散、②シナジー効果の獲得、③範囲の経済性の獲得、④プロダクトライフサイクルへの対応である。

①リスク分散

イノベーションによる技術革新、顧客ニーズの変化、法令改正などによる規制変更、為替相場の大きな変動など想定外の環境変化が経営に悪影響を与えることがある。

販売のピーク期の異なる事業や為替相場の影響を受ける外需の事業と影響を受けにくい内需の事業を営むなど多角的な事業展開により、リスクを分散し経営の安定化を図る。

多角化による複数の製品をもつことによりプロダクトライフサイクルにおいてサイクルの波を分散させる効果があり、リスク分散といえる。

やむを得ず不採算部門を縮小・撤退する場合でも余剰人員は他の部門に配置換えすることにより、人員整理・解雇という事態を避けることができる。

コロナショックの現在、感染症対策のために三密（密閉・密接・密集）を避け、ソーシャルディスタンス（フィジカルディスタンス）をとることが推奨され、人の移動が自粛されている今日、対面で財・サービスを提供することが基本の業界や、旅行・観光業界は大きな痛手である。事業を多角化しリスク分散することは非常に重要な戦略であることを切実に感じさせる。

②シナジー効果

多角化戦略により新規進出分野と既存の事業分野との間に何らかのシナジー効果が生まれると期待される。シナジー効果とは、企業の経営資源の部分的なものの総計よりも大きな結合した利益を生み出すことのできる効果のことである。

つまり1+1が2ではなく、2を超える結果になることで、相乗効果ともいう。シナジー効果には次の4種類がある。

・販売シナジー

流通経路、販売組織、広告、商標、倉庫などの共同化・共通化によって生まれる効果。

・運営シナジー

施設と人材の効果的な活用、一括大量仕入れなどによって生まれる効果。

・投資シナジー

機械設備やプラントの共同使用、原材料の共同在庫、研究開発成果の他製品への移転、投資基盤や材料調達・投資機会の共通化から得られる効果。

・経営管理シナジー

経営陣や管理者の現場管理・事業運営の経験・ノウハウ等の活用による効果。

事業の多角化を進めることによって、4つのシナジー効果が生まれ、企業内部に蓄積されている資産、技術、人材、知識、経験、ノウハウなど様々な経営資源を最大限に利用し、経営資源の余剰を縮小し、経営資源を効率的に配分することができる。

コロナ時代には次々と「オンライン何々」という言葉が生まれてきている。「何々」の部分には、当初は大学・学校の「講義」「授業」や企業の「会議」であったが、「飲み会」「葬儀」などという分野にまで及んできている。まさに、情報とのシナジー効果が期待される時代である。

③範囲の経済性

範囲の経済性とは、複数の企業がそれぞれの事業を個別に営むよりも一つの企業が複数の事業を同時に行ったほうがコストを低くすることができる効果である。

一つの企業内で複数の経営資源が共有できる理由には下記のようなものがある。

・分割が困難な資源

経営資源は常に適切に配分できるとは限らない。分割して使用することのできない経営資源も存在する。たとえば総務や人事などのいわゆる本社機能、あるいは土地や建物、製造機械やエネルギー供給、運搬などの生産機能は細分化しにくいため、過剰に投入される傾向がある。

・副産物の有効活用

ある事業において発生する副産物が、ほかの事業において利用できることがある。

・ブランドの拡張

ある事業において確立したブランドは、そのブランド名をほかの事業の新製品にもつけることが可能である。新製品の独自のブランドを新たに開発するよりも、すでに確立されたブランド名をつけるほうがコストを削減することができる。

このようにブランドを拡張するのは効果的なマーケティング手法の一つである。

④プロダクトライフサイクル

多角化によりプロダクトライフサイクルへ対応することが可能である。プロダクトライフサイクルとは、新製品が開発期、導入期、成長期、成熟期、衰退期というサイクルをもつことをさす。

たとえ一つの製品が衰退期に入っても企業が多角化されていれば、企業はライフサイクルの異なる複数の製品をもつため、成長期に入る製品が衰退期の製品の売上ダウンをカバーして、企業全体としての売上高は安定的に維持することが可能になる。

つまり、製品に寿命が到来したとしても多角化によりライフサイクルの異なる複数の製品を企業が所有していれば、企業の寿命は製品の寿命と分離して考えることができることになる。

プロダクトライフサイクルのそれぞれのステージを概観してみよう。

・開発期とは、新製品を開発する時期である。この段階では、開発コストの負担だけがあり、利潤は発生しない。

・導入期では、新製品を市場に投入開始するが、消費者に認知されるまでに時間を要する。また市場のニーズが小さい場合もある。市場ニーズを創出するために、広告宣伝が必要になる。まだ多くの利潤を期待できないステージである。
・成長期において、製品が市場に浸透し、消費者ニーズが急速に高まると競合相手も当該市場に参入し、価格競争が始まる。市場価格が低下しても市場全体が拡大期であるため、売上の拡大が可能である。
・成熟期においては製品が市場に浸透する。消費者ニーズは新規需要から買い替え需要に変わり、市場全体の売上伸び率が次第に低下する。企業間競争がより一層激しくなり市場価格は低下する。成功企業と撤退企業と明暗が分かれる。
・衰退期では、消費者ニーズの変化や技術進歩によって商品の陳腐化が進む。市場はほぼ飽和状態になり、消費者の関心は他の商品へ移行してゆく。市場全体の売上が減少し多くの企業が撤退する。

これは基本的なプロダクトライフサイクルであるが、現実のビジネスにおいて、企業はこの現象を黙って傍観しているわけではなく、広告宣伝の手法を工夫したり、付加価値を高めた商品に改良したり、流行や消費者ニーズにあったモデルチエンジを行うなど様々な経営努力をするはずである。

そのことによりライフサイクルの期間にはズレが生ずる。ズレがあるとはいうものの、製品にライフサイクルがあるのは事実である。複数の製品を扱う多角化はプロダクトサイクルで製品が衰退期に陥るリスクをヘッジする一つの手法といえよう。

2．3　垂直統合

垂直統合は川上や川下のコントロールを行いやすくし、バリューチエーンの影響力を強めるために行われる。具体的には、原材料の調達先や販売チャネル・販売店の買収などが該当する。

しかし、アウトソーシングによりコストダウンを図る考え方もある。

２．４　地理的拡大

特定の海外市場へ進出する際には、進出したい市場に顧客を多く持つ企業を買収するのがもっとも手っ取り早い方法である。

２．５　救済

経営危機にある企業を救うための買収、あるいは経営危機にまでは至らないが、新会社によるリストラや経営再建を進めるための買収である。

３．友好的なＭ＆Ａの手順

敵対的買収ではなく､友好的な M&A が進められる場合の実務的な手順の概略を下記に示す。

・M&A 仲介業者と委託契約（アドバイザリー契約）を結ぶ。この後、会社情報が提供される。
・譲渡企業側は自社の企業評価算定を行う。中小企業でよく使用される手法は DCF 法である。
・基本合意書を用いて､交渉に先立って一定の合意を行うことがある。秘密保持や独占的交渉権、誠実交渉義務などの約定がなされる。
・対象企業のプライシング、契約書による必要な手当て、リスクの事前把握などを目的として、デューディリジェンス（DD）といわれる監査が行われる。事業内容、法務、財務や特許権、商標権、著作権等の知的財産権など様々な観点の DD がある。
・合併契約書、株式売買契約書などの必要な契約書が作成され、締結される。契約締結に先立って、取締役会や株主総会などでの決裁など各当事者の社内手続を経る必要がある。関連官庁の許認可等が必要な場合もある。
・クロージング、すなわち契約によって定められた日に決済がなされ、M&A が実行される。

4．バイアウト

企業の業績が悪化した時に再建を図るために、バイアウト(Buy out)の手法をとることがある。バイアウトは日本語で「買収」を意味する。

バイアウトには、誰によるバイアウトかによって 3 種類ある。経営者によるバイアウトの場合は MBO、従業員の場合は EBO、買収企業の場合は LBO と称される。

①MBO：Management Buy Out　マネジメント・バイアウト

経営者や経営陣が株主から自社株式を買い取ること。バブル崩壊後の 1990 年代後半から事業再編の一環として普及した。その後は敵対的 TOB の防衛策として行われるようになった。

MBO のあとは上場廃止をすることが多い。MBO のメリットには第三者による企業買収を防ぐことができ、経営者自ら株主となるので、経営の自由度が高まる。中長期的視点で経営戦略を考えたり、事業再構築の意思決定をスムーズに行えたりできる。

また後継者のいないオーナー経営者が経営陣に事業譲渡をする手法としても用いることができる。

ディメリットとしては、上場廃止により今後の資金調達手段が限定されるということがある。また一般株主が多いと買取時の事務手続きが煩雑になる。経営者や経営陣が自社株式を買い取ることで利益相反が生じたり、株式の非公開により経営への監視機能が低下したりするおそれがある。

②EBO：Employee Buy Out　エンプロイー・バイアウト

従業員が勤務先の企業から株式を買い取り、経営権を得ることをさす。親族内に後継者がいない場合、経営者が後継者候補の従業員に自社株式を買収させることにより、経営を承継する手法である。ただし、当該従業員に株式を買い取る資金力が必要になる。

③LBO：Leveraged Buy Out　レバレッジド・バイアウト

買収企業が保有資産や将来のキャッシュフローを担保にして金融機関などから資金調達し、企業を買収することを示す。レバレッジドとは、少ない投資で大きなリターンを得られる、テコの原理を意味する。

買収企業の自己資金が少ない場合でも買収が実施できる。買収後は、借入金を買収した会社の負債とすることができる。買収に伴う借入利息は損金算入できるので、節税効果を期待できる。

しかし、買収後の企業再建がうまくいかず収益性が低下した場合には、投資額以上のリターンを得ることができないことになる。

5．TOB

TOB（Take Over Bid）とは、株式公開買い付けのことである。株式市場を通さずに広く不特定多数の株主から株式を買い取る制度である。上場企業の発行する株式を、通常の市場売買でなく、あらかじめ買い取る「期間」、「株数」、「価格」を情報公開して、市場外で一括して買い付けることをいう。

TOBは、上場会社を買収や経営の実権をにぎるため、関連会社の出資比率の引き上げ、自社株買い等のために使われる。

TOBをする側のメリットは、経営計画がたてやすいことがある。あらかじめ決めた期間に、決めた価格で、決めた株数を買い取ることができることにある。

通常の市場取引で大量に株式を買い集めようとすると、時間を要し、市場価格が想定価格以上に上昇し、予定予算を超える場合もある。

TOBをされる側（株主）のメリットは、短期間で大きなリターンを得ることができることにある。一般にTOBでは、買い取り価格をその時点の市場価格にプレミア価格を乗せたものに設定することが多い。有望企業はプレミア価格が大きくなり、株主は短期間で大きなリターンを得ることができる。

TOBをする側とされる側の関係が良好でないTOBを「敵対的TOB」といい、お互いが納得しているTOBを「友好的TOB」という。

TOBをする側は、敵対的買収の場合、相手企業がポイズンピルを準備していたりすると、TOBにより高い価格で買い取った側が大きな損をするリスクがある。TOBをされる側（一般株主）も同様にリスクがある。

第２７章　敵対的買収の防衛策

前章では買収の手法を紹介した。敵対的買収（hostile takeover）とは、買収提案者の企業が買収の対象とされる企業の経営者に対して友好的でない場合をさし、具体的には買収の対象となった企業の取締役会で、買収に同意が得られていない場合をいう。

「敵対的」とは必ずしも様々なステークホルダー、すなわち（買収提案者以外の）一般株主・一般投資家・債権者・従業員・労働組合・取引先企業・下請け・社会一般などに対しても常に敵対的とは限らない。

敵対的買収が始まると買収の対象となった企業の関係者には様々な混乱が生ずるリスクがある。先行きに不安を感じた従業員が退職するリスク、取引先や下請けが買収対象の企業との従来の取引を解消するリスクなどがあるだろう。

退職した従業員が起業した場合、同業種であることが多く、ライバル企業が増えるかもしれない。買収対象企業の社内の混乱に便乗して、優秀な人材をヘッドハンティングしようとする動きも予想される。ライバル企業がこの機にシェア拡大をもくろむことも考えられる。

それだけに、敵対的買収に関しては、前章で述べた MBO 以外にも様々な対抗策が考えられてきた。本章では敵対的買収に対する様々な防衛の手法について述べる。

1．ポイズンピル

敵対的買収の防衛策のひとつにポイズンピルがある。既に自社の株主となっている人たちに事前に新株予約権を発行しておく手法である。敵対的買収を計画している企業に自社の株式の一定量を取得された場合に毒薬条項（ポイズンピル）によって新株を発行する。

新株が発行されると、買収される側の市場に出回る株式数が増加し、買収する側が所有している株式数は、全体の発行数に占める割合が少なくなり、経営権を支配することができなくなる。そのため、経営権支配のためには追加の資金が必要になり、買収する側は買収を断念する場合も出てくる。

このように敵対的買収に備えることができるということがポイズンピルのメリットである。実際にはポイズンピルは実施されることは少なく、むしろ抑止力としての効果があると考えられる。

しかし、ポイズンピルにはリスクもある。ポイズンピルにより新株を発行すると一株あたりの価値が希薄化するおそれがある。つまり、新株予約権の発行で一般株主の一株当りの価値は下がる。なぜなら、企業の時価総額は変わらずに株数だけが増加するからだ。

このことは既存株主の受け取るメリットが減少することを意味する。株主がポイズンピルに魅力を感じなければ、株主は場合によっては新株発行の差し止めを請求するかもしれない。また買収側の企業に賛同する動きを示すかもしれない。

日本の有名なポイズンピルの事例に、2005年に、ニッポン放送が発動したものがある。ライブドアが敵対的買収に乗り出し、ニッポン放送の株式を次々と買い占めていった。これに対してニッポン放送は大量の新株予約権を発行し、グループ企業のフジテレビが引き受け、ライブドアによる敵対的買収を防いだ。

２．第三者割当増資

企業の資金調達方法の一つであり、株主であるか否かを問わず、特定の第三者に新株を引き受ける権利を与えて行う増資のことである。創業まもない知名度の低い、未上場会社が資金調達の一環としておこなうことが多い。

取引先・取引金融機関・自社の役職員などの縁故者にこの権利を与えることが多いことから、「縁故募集」ともいう。

上場企業の場合は、資本提携や事業支援・会社再建のために資金調達を必要とする場合におこなわれることが多い。また敵対的買収のターゲットにされた企業が、敵対的買収者の持株比率を低下させるべく、防衛策の一環としてホワイトナイトに対しておこなう場合もある。

第三者割当増資は、既存株主にとって、持株比率が低下するうえ、不公正な価格で新株発行等が実施された場合に経済的な不利益を被るリスクもあるため、発行手続きは会社法により詳細に決められている。

3．ホワイトナイト

ホワイトナイト（白馬の騎士）は買収防衛策のひとつである。敵対的買収を仕掛けられた対象会社を、買収者に対抗して、友好的に買収または合併する企業のことをさし、白馬の騎士になぞらえて、ホワイトナイトと呼ぶ。

具体的な手法は、ホワイトナイトが買収者よりも高い価格で TOB をかける（カウンターTOB)、もしくは、対象企業の第三者割当増資を引受けるなどが考えられる。

対象会社が、敵対的買収の際に自ら友好的な企業（ホワイトナイト）の支配下となることを選択することで、敵対的買収者による買収から防衛することを目的とする苦肉の策である。

2006 年には、ドン・キホーテから敵対的 TOB を仕掛けられたオリジン東秀がイオンに要請してホワイトナイトを引き受けてもらった例がある。

4．ゴールデンパラシュート

敵対的買収では経営陣の退陣を求められることが多い。買収によりターゲットになった企業の取締役が解任されたり、権限を減らされたりした場合に、巨額の退職金等を支払う契約をあらかじめ締結しておくことである。

買収コストを引き上げ、高い買い物になることを買収者に気がつかせ、買収を諦めさせる抑止力とする手法である。

しかし、株主からみると巨額の退職金の設定は経営陣の保身と思われかねないため、株主の同意が得られるとは限らない。また利益相反の義務違反を疑われるリスクもある。

5．ティンパラシュート

上述ゴールデンパラシュートは経営陣に対する退職金で、黄金の落下傘であったが、これに対してティンパラシュートは、ブリキの落下傘である。すなわち従業員への退職金を高額に設定して、買収コストを引き上げ、敵対的買収の抑止力とする手法である。

6．黄金株

合併など重要な株主総会の決議事項について拒否権を有する株式を発行し、買収のために必要な決議を妨害するもの。ただし黄金株は自社の経営陣では所有することができないため、信頼できる友好関係にある第三者に対して黄金株を発行することになる。

第２８章　財務諸表

通常の大学の金融論の講義では、財務諸表や財務分析の解説は出てこない。学問領域からすれば、会計学、アカウンティングの領域である。

本書では、金融業を目指す就活学生や新入社員のための金融知識を紹介することを目指しているため、これらについても言及したい。

ちなみに銀行は入行してから、様々な資格取得を推奨または義務づけている。昔からある試験に「銀行業務検定」がある。これは法務、財務、税務の 3 種類あるが、銀行業務を遂行する上で基本となる重要な知識を問う試験で、4 級から 1 級まである。

この他にもファイナンシャルプランナー、証券アナリスト等、様々な資格がある。また銀行に就職したからといって銀行業務のみを行うわけではなく、担当する業務によって証券外務員、生命保険募集人、損害保険募集人、宅地建物取引士などの資格試験取得が要求される。

銀行に入行して、貸出審査の仕事につけば、財務分析は即戦力として要求される能力である。学生時代から貸借対照表には慣れておいたほうがよい。

ところで、筆者は本書の中では「貸出」とか「貸出審査」という言葉を用いているが、これは学術用語であり、実務では通常「貸出」とは言わず、「融資」という。「貸出」という言葉はストレートな印象を与えるため実務では使用しない。これに対して、「融資」のほうがマイルドな表現である。

金融論の教科書に登場する「貸出」や「借り手」という表現は実務では「融資」「お客様」に変換される。
大学の経済学部の教壇に立って、「金融論」の講義をする際、貸借対照表の見方をすでにマスターしている学生とそうでない学生が教室の中に混在していて、教師としては授業がやりにくくて困ることがある。
プルーデンス政策の自己資本比率規制について話す際、自己資本比率の説明に必ず貸借対照表は予備知識として必要だからである。
しかるに、経済学部では簿記・会計・経営分析などの講義は必修科目ではないため、貸借対照表というものを金融論の講義で初めて聞く学生もいる。
一方、大学の講義で会計関連の講義を履修している学生もいるし、商業高校出身の学生はすでに高校時代に勉強している科目なのである。
銀行では貸出審査を行う際に、企業の財務諸表を見て経営分析する能力が要求される。地域金融機関における中小企業に対する貸出においては、ソフト情報（定性的情報）が重視されるとする見解がある。
ソフト情報の重要性を否定するつもりはない。学界では、一時期ソフト情報の研究が非常に活発だったが、ソフト情報に過度に着目するのは、ビジネスの現実と乖離した研究と言わざるを得ない。
およそ、どのような規模の企業に対しても銀行は貸出審査を行う際、財務諸表（ソフト情報に対してハード情報という）の提出を要求する。財務諸表とは企業が発する言語のようなものだと私は思う。
フランス人と会話する際にはフランス語が、中国人とコミュニケーションする際には中国語が理解できたほうがよい。ソフト情報とは、いわば、人間の会話でたとえるならば、その人のジェスチャーや顔、目の表情などだ。確かに目は口以上に物を言う場合もあるが、言語は重要な意思伝達のツールだ。
金融業に携わろうとする者は、企業の言語である財務諸表を理解できなければいけない。金融業以外のビジネスパーソンにとっても財務諸表が理解できるか否かは重要な能力である。
財務諸表とは企業の経営成績や財務状況を企業外部の利害関係者に

知らせるために、法律や制度に基づき作成される書類である。財務諸表は貸借対照表（Balance Sheet）、損益計算書（Profit & Loss Statement，あるいはIncome Statement)、キャッシュフロー計算書（Cash Flow Statement）の財務三表と附属のデータから構成される。

第２９章　バランスシート

１．バランスシートの構造

まず、バランスシート（貸借対照表）の構造について説明しよう。銀行への就職を目指す学生は財務諸表の中で、少なくても貸借対照表についてはマスターしておいて欲しい。貸借対照表が理解できていなければ、銀行にとって重要な自己資本比率規制も知らないのと同じことになるる。

証券会社を目指す学生にとっても、株主に重要な指標を分析するためには、やはり貸借対照表の構造を知っていなければならない。

貸借対照表はバランスシートとも呼ばれ、略して B/S と記すこともある。ある一定時点（通常、決算日時点）における企業の財産一覧表である。

勘定式のバランスシートの右側（貸方という）に資金の調達源である負債・資本を表示し、左側（借方という）に資金の運用形態である資産を示す。資本は純資産とも呼ぶ。

なお、「貸方」とか「借方」という表現は、慣習による呼称であって、貸した方とか借りた方の意味ではないので注意されたい。

工場、建物、備品、商品、車両などは、簿記・会計の知識がなくてもおそらくすぐに企業のプラスの財産として思い浮かぶであろう。これに対して、借入金などの負債はマイナス財産と考えられる。プラス財産とマイナス財産の差は純資産と呼ばれる。

2．資産とは何か

企業は継続企業（ゴーイングコンサーン）を前提としている。ゴーイングコンサーンが投下した経営資本の循環過程の最中にあるものが資産である。

資産とは次の3要件をみたすものである。

①企業が所有している有形の財貨または無形の権利。

企業の自社ビルは試算だが、賃借しているオフィスは資産ではない。売掛金などは無形だが権利であり、資産に計上される。

②用役提供能力あるいは有用性をもっている。

企業にとって有用で将来、経済的な利益をうみだすものである。

③測定可能な価格で取得したもので、交換価値をもつ。

購入・交換・寄付により取得したものだけでなく、自社で製造した製品も製造原価が明確であり資産として計上される。

資産は、A貨幣性資産とB非貨幣性資産に二分できる。

A貨幣性資産

経営活動に財貨や役務としていまだ投下されていないが今後投下される予定である未投下の資本、もしくは投下過程を経て、回収され次の投下を待機している資本である。

具体的には、現金預金、売上債権（受取手形・売掛金）、一時的な運用目的の有価証券、貸出などをさす。換金性の高いものである。

B非貨幣性資産

非貨幣性資産は費用性資産ともいわれる。貨幣性資産が投下を待機している資本であったのに対して、非貨幣性資産は経営活動に財貨や役務として投下中の資本をさす。したがってまだ未回収の資本をさす。

具体的には、商品、棚卸資産、前払費用、建物、機械、繰延資産などである。これらは費用として計上されるものであるが、経過的に資産として置かれているものである。

たとえば商品は販売されればすぐに売上原価として計上されるし、建物・設備・機械などは長年にわたり減価償却費として費用化されてゆく。

3．資産（負債）の表示区分

バランスシートに資産を表示する場合、原則として流動性の高い勘定科目から配列する。これを流動性配列法といい、企業の支払能力を重視した方法である。ほとんどの企業は流動性配列法を採用している。

これに対する配列法が固定性配列法であり、電力会社やガス会社などの固定資産のウエイトが高い企業が採用している配列法である。流動性が高いとは、現金に換金化できる時間が短いことをいう。

流動資産（流動負債）か固定資産（固定負債）かの区分には、①正常営業循環基準と②ワンイヤールールという 2 つの基準がある。

まず正常営業循環基準を適用し、流動資産（流動負債）にならなかった項目にワンイヤールールを適用し、残ったものが固定資産（固定負債）となる。

①正常営業循環基準

営業取引上の債権・債務や棚卸資産に関しては反復継続的な循環する取引である。つまり商品を仕入れ、仕入れ債務が発生し、棚卸資産となり、商品を販売し、売掛金が発生し、売掛金は現金に換金され、また商品を仕入れるという通常の営業循環である。

製造業の場合は、商品仕入れが、原材料仕入れに置き換えられ、商品販売が製品販売と変換されるが、同じサイクルであることに変わりはない。

正常な営業循環過程の中にある場合は、ワンイヤールールを適用せずに営業循環基準を適用して流動資産（または流動負債）とする。

②ワンイヤールール

貸借対照表日の翌日から起算して 1 年以内に現金化する資産あるいは、1 年以内に支払期限のくる負債を流動資産（または流動負債）とするルールである。

このようなルールにもとづき、資産（負債）は流動資産（流動負債）・固定資産（固定負債）に分類される。

4. 資産の主な項目

①流動資産

流動資産は 1 年以内に現金化あるいは費用化する資産で以下のようなものがある。

・現金預金

・市場性有価証券

株式や債券など市場で取引されていて、いつでも売却・換金できる有価証券である。

・売掛金

企業の通常の営業活動から生じた売上代金のうち未収金をいう。

・受取手形

企業の通常の取引にもとづいて、得意先との間に発生した営業上の手形債権。

・その他売上債権

・貸倒引当金

受取手形、売掛金、貸付金などの金銭債権に回収不能額を見積もった場合、バランスシート上に示される金銭債権の評価勘定である。資産の部に計上されるが、資産の金額から控除する。

・棚卸資産

販売、生産およびその他の一般管理活動において短期間に消費され、消費によってその数量が減少する短期的費用性資産をいう。

・前払費用

②固定資産

固定資産は 1 年超保有する資産で物理的に存在する有形固定資産と物理的な形はないが、法律上・営業上の権利として価値をもつ無形固定資産がある。

有形固定資産には、土地、建物、機械装置、什器備品などがある。無形固定資産には特許権、商標権などがある。投資その他の資産には投資有価証券や長期貸付金などがある。

③繰延資産

繰延資産は将来の期間に影響する特定の費用である。

５．負債の主な項目

負債は勘定式バランスシートの右側に表示される。バランスシート上の負債とは法的な確定債務より広い概念である。期間損益計算上の要請より生じた未払い費用なども負債の項目に含まれる。

負債も資産の分類同様に、正常営業循環基準とワンイヤールールで流動負債か固定負債か分類する。

①流動負債

・短期借入金

１年以内に返済期限の到来する債務

・買掛金

原材料や商品の仕入れ代金の未払い

・支払手形

通常の商取引にもとづき仕入先などとの間に発生した営業上の手形債務の支払として渡した手形の残高。

・未払金

通常の取引に関連して発生する金銭債務。

・未払費用

一定の契約に従い、継続して役務の提供を受けている場合、すでに提供された役務に対する支払期がいまだ到来していないものについて費用計上を行ったときの負債項目。

②固定負債

ワンイヤールールで １ 年後以降に支払期限が到来する債務などをさす。

・長期借入金

銀行借入で返済が１年超のもの。

・社債

会社が社債券を発行し、一般から長期性資金を調達した場合の負債。

・長期未払金

・退職給与引当金

退職給与規定にもとづいて、従業員の退職時に会社が支払う退職金は勤続年数により増加してゆく性質のものであり、従業員の在職期間を通じて配分されるべき人件費である。退職給与の期間配分のため各期毎に計上される引当金である。

6．純資産の主な項目

・資本金

出資者（株主）から払いこまれた資本金。

・資本準備金

株式払込金のうち、資本金に組み入れない払込剰余金。

・利益準備金

債権者の権利を保護するために剰余金の一部を利益準備金に組入れて社内に留保する。

・自己株式

自社株を市場から買い戻したもので、資本の減少を意味する。

・評価・換算差額等

有価証券の評価差額、ヘッジ損益・評価差額、土地再評価差額金など。

表6はバランスシートの雛形を示したものである。3月31日を決算日とする企業であれば、「×年×月×日現在」の箇所には「×年3月31日現在」と示される。

表6　貸借対照表の雛形

××株式会社　　　　　貸借対照表
（×年3月31日現在）　　　（単位：百万円）

資産の部		負債の部	
Ⅰ流動資産	×××	Ⅰ流動負債	×××
現金・預金	×××	支払手形	×××
受取手形	×××	買掛金	×××
売掛金	×××	短期借入金	×××
棚卸資産	×××	未払金	×××
△貸倒引当金	×××	未払い費用	×××
Ⅱ固定資産	×××	Ⅱ固定負債	×××
(1)有形固定資産	×××	長期借入金	×××
建物	×××	負債合計	×××
構築物	×××	純資産の部	×××
機械・装置	×××	Ⅰ株主資本	×××
備品	×××	資本金	×××
土地	×××	資本剰余金	×××
(2)無形固定資産	×××	利益剰余金	×××
商標権	×××	△自己株式	×××
(3)投資その他の資産	×××	Ⅱ評価・換算差額等	×××
Ⅲ繰延資産	×××	純資産合計	×××
資産合計	×××	負債純資産合計	×××

第３０章　損益計算書

企業の一定期間の経営成績を知るための計算書が損益計算書である。財務諸表の中で、バランスシートと並んで重要である。全ての収益と対応する費用を計上し、差額として利益を計上する過程を示している。

最終的には当期純利益が導出される。

米国では Income Statement といわれ、IS と略される。ヨーロッパでは Profit and Loss Statement といわれ、P/L と略される。

損益計算書の主な項目を次に示す。

・売上高

商品や製品販売など企業の本業からの収益を示す。

・売上原価

販売した商品の仕入原価や製品の製造コストをさす。

・売上総利益

売上高—売上原価＝売上総利益である。売上総利益は粗利ともいう。

・販売費および一般管理費

売上原価以外で企業本来の業務にかかわる費用のことである。たとえば、役員報酬、従業員の給料手当、広告宣伝費、販売運賃、通信費、光熱費、減価償却費など多くの項目が含まれる。

・営業利益

営業利益は企業の本業から得た利益を示す。

営業利益＝売上総利益—販売費および一般管理費

・営業外収益と営業外費用

営業外収益は企業の主たる事業以外から生じた利益をさし、受取利息や受取配当金などがある。逆に営業外費用は企業の主たる事業以外から生じた費用のことで、支払利息や社債利息などである。

・経常利益

経常利益は、特別な利益や損失を含まない企業の正常循環活動からの利益を示す。

経常利益＝営業利益＋営業外収益—営業外費用

・特別利益と特別損失

その発生が臨時的、非経常的な臨時損益および前期以前の損益の修正項目をいう。具体的には前期損益修正損、固定資産売却損、火災損失などが該当する。

・税引き前当期純利益

企業の総合的な収益力を示す。

税引き前当期純利益＝経常利益＋特別利益—特別損失

・当期純利益

企業の最終的な利益である。株主にとっては、配当として受け取ったり、内部留保して来期以降の企業価値を高めたりするなどの分析の基礎となる重要な数値である。

当期純利益＝税引き前当期純利益—法人税および住民税等

損益計算書はこのようにして計算されてゆく。損益計算書の雛形を表 7 に示す。

表7　損益計算書の雛形

損益計算書 (自×年4月1日　至×年3月31日) (単位：百万円)	
売上高	×××
売上原価	×××
売上総利益	×××
販売費および一般管理費	×××
営業利益	×××
営業外収益	×××
受取利息	×××
営業外費用	×××
支払利息	×××
経常利益	×××
特別利益	×××
固定資産売却益	×××
特別損失	×××
固定資産売却損	×××
税引前当期利益	×××
法人税住民税等	×××
当期純利益	×××

第３１章　キャッシュフロー計算書

キャッシュフローとは、企業の現金の流れのことである。一定期間に流入する現金をキャッシュインフロー、流出する現金をキャッシュアウトフローといい、両者をあわせてキャッシュフローと称する。

キャッシュフロー計算書は会計ビッグバンの一環として2000年3月期から日本では上場企業に作成が義務付けられた。

キャッシュフロー計算書は、一定期間の現金の増減の原因を企業活動別に次の3つに分類されている。

①営業活動によるキャッシュフロー
②投資活動によるキャッシュフロー
③財務活動によるキャッシュフロー

以下、順に解説してゆく。

１．営業活動によるキャッシュフロー

営業活動によるキャッシュフローは財務活動や投資活動を除く、その企業の主たる事業活動から発生するキャッシュフローである。このキャッシュフローがプラスならば事業で資金を生み出し、マイナスであれば事業で資金を減らしていることになる。

営業活動によるキャッシュフローを求める方法には、個々の取引ごとにインフローとアウトフローを記録してゆく直接法と当期純利益から調整してゆく間接法の2種類ある。

2．投資活動によるキャッシュフロー

投資活動によるキャッシュフローは、設備投資や有価証券など企業の投資活動による現金の流れを示している。バランスシートの資産のうち、営業循環に含まれる売掛金などは除いたものである。

たとえば、流動資産では市場性有価証券、固定資産では設備、投資有価証券、長期貸付などの項目があげられる。

投資活動によるキャッシュフローがプラスになっていれば、固定資産などを売却して資金を得たと推測され、逆にマイナスであれば固定資産などを取得していると考えられる。

3．財務活動によるキャッシュフロー

財務活動によるキャッシュフローは企業が資金の調達や返済などいわゆる財務活動をどれだけ行っているかを示している。バランスシートの負債・資本のうち、営業循環として発生する買掛金などの支払い債務を除いた項目の増減を示すものである。

ここには銀行からの借入・返済、株式の発行などの動きが示される。財務活動によるキャッシュフローがプラスであれば融資や出資を受けていることを示し、マイナスであれば融資の返済をしていることがわかる。もし、急激に財務活動によるキャッシュフローが増加しているようであれば、適切な設備投資のための資金調達かどうか、返済計画は妥当か、などのチエックが必要になってくるであろう。

上記①営業活動によるキャッシュフローと②投資活動によるキャッシュフローを合計したものを④フリーキャッシュフローという。名前のとおり、その会社が自由に使用できる現金である。

4．フリーキャッシュフロー

企業が事業活動で得られた現金から投資に使われた現金を差し引いて残った現金が企業にとって使用可能な現金である。フリーキャッシュフローが潤沢であれば、企業の体質を筋肉質にして攻めの経営が可能になる。

たとえば借入を返済する、内部留保を増やす、など財務が改善できる。新たなプロジェクトを手掛ける、配当を高めるなど新事業に進出したり、良好なステークホルダーとの関係を築いたりするなど積極的な経営が可能になる。

フリーキャッシュフローがマイナスの場合は資金調達を行うとか、活動していない不要な手持ちの固定資産を用いて、キャッシュを得ることができるように有効活用するか、活用が無理ならば売却するなどの手法でキャッシュフローの改善が期待される。

第３２章　ＩＦＲＳ（国際財務報告基準）

１．ＩＦＲＳとは何か

会社法の 431 条では、会計の原則を次のように定めている。

「株式会社の会計は、一般に公正妥当と認められる企業会計の慣行に従うものとする」

また、財務諸表規則第 1 条には次のように定められている。

「この規則において定めのない事項については、一般に公正妥当と認められる企業会計の基準に従うものとする」

ここで「一般に公正妥当と認められる企業会計の基準」とは「企業会計原則」と「企業会計基準」である。

企業会計原則は、「一般原則」「損益計算書原則」「貸借対照表原則」および「注解からなる。

一方、企業会計基準は企業会計基準委員会（ASBJ: Accounting Standards Board of Japan）によって設定・公表される会計基準である。ASBJ は国内基準のみならず、国際統一にも対応している。

国際財務報告基準（IFRS: International Financial Reporting Standars）は国際会計基準審議会（IASB: International Accounting Standards Board）が策定する国際的な会計基準である。

EU が 2005 年以降、EU 域内の上場企業に対して連結財務諸表を IFRS で作成することを義務づけた。2009 年以降は IFRS を自国の会計基準として採用する国や IFRS と自国の会計基準にコンバージェンス（収斂）を進める国が増加傾向にある。

日本では、ASBJ が IASB と共同でコンバージェンス（収斂）を進めてきた。2011 年 6 月に当時の金融担当大臣が、少なくとも 2015 年 3 月期の強制適用は考えておらず、仮に強制適用する場合でも、その決定から 5 年ないし 7 年程度の十分な準備期間の設定を行う旨の発言を行った。

IFRS の強制適用については十分に検討を行うことが必要とされ、2011 年 8 月から 2012 年 6 月まで企業会計審議会・企画調整部会においてIFRSに関する検討項目について議論が行われ、2012 年 7 月に「国際会計基準（IFRS）への対応のあり方についてのこれまでの議論（中間的論点整理）」が公表された。

金融庁 HP から、この公表資料のうち、概括的に整理された部分を下記に引用する。

「概括的に整理すれば、わが国の会計基準は、これまでの努力の結果として高品質かつ国際的に遜色のないものとなっており、欧州より国際会計基準と同等であるとの評価も受けているが、今後とも、国際的な情勢等を踏まえ、会計基準の国際的な調和に向けた努力を継続していく必要がある。

その際には、引き続き、以下で述べる連単分離、中小企業等への対応を前提に、わが国会計基準のあり方を踏まえた主体的コンバージェンス、任意適用の積上げを図りつつ、国際会計基準の適用のあり方について、その目的やわが国の経済や制度などにもたらす影響を十分に勘案し、最もふさわしい対応を検討すべきである。

また、国際会計基準の開発においては、国際的な連携も念頭に置きつつ、積極的に貢献するとともに、わが国としての考え方については的確に意見発信していくことが重要である」

２．ＩＦＲＳの特徴と影響

・原則主義

日本の会計基準は細かな規定や数値基準を設ける細則主義であるが、

IFRSは原則主義である。つまり、財務報告に関する原理・原則を明確にして、その解釈・運用を企業の判断に任せるのである。

詳細な規定や数値基準がほとんど示されないぶん自由度が高くなる。しかし、解釈の根拠を外部に明確に示す必要性があるため、大量の注記が必要になる。

このことは、今まで以上の経営者の判断や説明責任が要求されることになる。

・包括利益重視

IFRSは、損益計算書にあたる財務諸表として、日本の会計基準では言及されていない包括利益計算書の作成も求めている。包括利益とは、純資産の変動額のうち、直接的な取引によらない部分であり、必ずしも事業活動と関連するとは限らない。

たとえば保有株式、金融商品、保有土地などの時価差額、海外子会社への投資後の為替変動などがある。

当期純利益は、一定の期間内で、事業活動から獲得された価値の増加分を指す。損益計算書の当期純利益より、包括利益の算出の方が煩雑になる。

包括利益の概念を導入することは、市場のリスク動向に合った利益の実態を把握する経営を意識することにつながる。

時価評価がベースになるIFRSが普及すると今後M&Aが活発化されることも予想される。

・のれん

日本の会計基準では、のれんは貸借対照表では無形固定資産として均等に償却するように定められている。のれんは期間の経過とともに徐々に価値を失っていくもので、それに合わせて簿価も減少させていくという考え方である。

しかし、毎期償却費を計上しなければならない為、利益が圧縮されることになり、M&Aによる利益増が計画を下回る場合、償却負担が重く、買収後の企業にのしかかることになる。

一方、IFRSではのれんの定額償却を実施しない。IFRSでは、時価が重視されており、のれんも現在の価値を反映させるよう「減損」という形をとる。

1 年に 1 回価値が下落しているのかどうかを判断するテストを実施し、価値が下落していると判断された場合に減損とする。

買収をよく行う企業どうしを比較した場合、IFRS を採用する企業の方が、償却負担が無いため利益が多めに反映されることになる。

これは長所でもあり短所でもある。定期的な償却を実施しないため、業績が悪化すると減損で急に巨額の損失を計上することになる。つまり、M&A を積極的に行いのれんが大きい企業が IFRS を適用すると減損リスクを抱え、利益のブレが大きくなることになる。

また、のれんの価値の下落を確認してから会計処理を行うので、実態と会計上の対応にタイムラグが生ずることになる。

グローバル化が進展し、IFRS 導入企業も増加する中で、のれんの償却方法は今後、注目すべきテーマであろう。

第３３章　財務分析

本章では財務分析の基礎を簡単に紹介しよう。財務分析のポイントには、総合力、安全性、収益性、成長性、効率性の指標、株主関連の指標などがある。本章では代表的な指標のみを示すことにする。

留意してほしいのは、一つの指標のみならず、他の指標も用いて複眼で分析することである。また、数値に表せない定性的な情報（ソフトインフォーメーション）も中小企業の貸出においては重要である。

今日では、人工知能やロボットが導入され、人間に代わって仕事を行いつつある。財務分析も人工知能で代替可能な分野かもしれない。しかし、我々はまず財務分析の仕組みをマスターした上で人工知能に分析させることが大切だ。

１．総合力

企業に投資している株主や債権者にとっては、投下した資金を使って企業がどれだけ収益を生み出したかということが第一の関心事であろう。その際の指標として代表的なものに、ROA と ROE がある。

これらは投資の判断基準となる運用利回りで、金融業をめざす学生には、まず知っておいてほしい指標である。

１．１　ROA

ROA は Return on Assets の略である。ROA という語で用いられることが多いが、あえて日本語に訳すならば総資産利益率になる。

$$\mathrm{ROA}=\frac{\text{当期純利益}}{\text{総資産}}\times 100\%$$

経営者が見る場合のROAは上記でもよいが、債権者にとって支払利息は自らが受け取る利益であるため下記のように修正されたROAになる。

$$\mathrm{ROA}=\frac{\text{当期純利益＋税引後の支払利息}}{\text{総資産}}\times 100\%$$

なお、当期純利益の代わりに経常利益を用いることもある。

また、ROAの算式は次のように分解できる。

$$\mathrm{ROA}=\frac{\text{当期純利益＋税引後の支払利息}}{\text{売上高}}\times\frac{\text{売上高}}{\text{総資産}}\times 100\%$$

つまり、収益性を示す売上高利益率と資産の効率性を示す総資産回転率という二つの要素からROAは成り立っている。

ROA＝売上高利益率×総資産回転率×100%

1．2　ROE

次の代表的な総合指標はROEである。

ROEはReturn on Equityの略である。日本語では株主資本利益率になる。株主が投下した株主資本に対して、どれだけの当期純利益を得ることができたかを示す。

$$\mathrm{ROE}=\frac{\text{当期純利益}}{\text{資本金}}\times 100\%$$

ROEは収益性を示す売上高利益率、資産の効率性を示す総資産回転率、負債の度合いを示すレバレッジ比率の3つの要素から成り立っている。算式で下記に示す。

$$\mathrm{ROE}=\frac{\text{当期純利益}}{\text{売上高}}\times\frac{\text{売上高}}{\text{総資産}}\times\frac{\text{総資産}}{\text{資本金}}\times 100\%$$

ROE＝売上高利益率×総資産回転率×レバレッジ比率×100%

この算式で示されるようにROEを高めるには、3つの要素を向上させることに着目することが必要だ。

なお、上記の指標において当期純利益の代わりに経常利益などを用いるバリエーションがある。

2．安全性の分析

どの指標も重要であるが、もし、あなたが銀行業界や保険業界を志望しているならば、ぜひ知っておいて欲しい指標は安全性の指標であろう。安全性の分析は企業の債務支払能力を検討するための分析である。ポイントになるのは流動性や安定性である。

流動性とは短期的な債務の資金繰りについての指標である。流動性が高ければ、企業は債務不履行に陥るリスクは低いといえる。流動性分析の代表的な指標は流動比率で、企業の流動性や資金繰り状況、支払能力などを測定する基本的な指標である。

2．1　流動比率

流動比率は以下の算式で示される。流動比率は英語で Current Ratio と言い、別名 Banker's Ratio（銀行家比率）とも言われる。もともと銀行が貸出先の返済能力をみるために採用したものだからである。

$$\text{流動比率}=\frac{\text{流動資産}}{\text{流動負債}}\times 100\%$$

この流動比率が 100%を下回っていたならば、とりあえず払わなければならない短期の債務に対して支払能力がないことになる。

2．2　当座比率

流動資産から現金化の遅い棚卸資産を除いて、より厳しく分析したものが当座比率である。

当座比率（Quick Ratio）は以下の算式で示される。酸性試験比率（Acid-Test Ratio）とも言われる。

$$\text{当座比率}=\frac{\text{当座資産}}{\text{流動負債}}\times 100\%$$

安定性は、長期的に企業が債務を払えるどうかの指標である。他人資本の負債は返済の必要がある。この負債に注目した安定性の代表的な指標に負債比率（Debt Equity Ratio）がある。負債の額を資本金の額と比較するものである。

2．3　負債比率

負債比率は資本構成の安定状況、債務の保証度合、担保能力を示す指標である。

$$負債比率=\frac{負債}{資本金}\times 100\%$$

2．4　自己資本比率

負債の代わりに、返済の必要がない自己資本に注目し、総資産に占める自己資本の割合をみるのが自己資本比率（Shareholder's Equity Ratio）である。

自己資本比率は、企業資本の調達源泉の健全性、とりわけ資本蓄積の度合いを示す指標である。

銀行員が取引先企業の貸出審査を行う際にも自己資本比率を用いるが、自己資本比率は銀行自身の健全性を示す指標でもある。また保険業界の健全性を示す指標は、ソルベンシーマージン比率という。

3．収益性の分析

収益性を分析するのに単純に売上高を比較しても意味がない。たとえば、トヨタ自動車と小さな町工場では製品の売上高に差があって当然である。売上の多寡は収益力を示すことにはならない。同様に利益の多寡を比較しても同じである。

収益力をみるためには二つのアプローチがある。一つは、売上に対して利益はどれくらいかを分析する売上利益率を算出する方法である。すなわち売上高に対して利益の割合を示すアプローチである。

もう一つのアプローチは、投下した資本に対して、どれだけ利益を稼いだかを示す方法である。

前者の売上高と利益を比較するアプローチにはどの段階の利益を分子にもってくるかにより、売上営業利益率、売上経常利益率、売上純利益率などのバリエーションがある。

$$売上営業利益率=\frac{営業利益}{売上}\times 100\%$$

後者の利益の額と投下資本を比較するアプローチでは、資本利益率を算出する。分子の利益、分母の投下資本に何を用いるかで様々なバリエーションがある。

$$自己資本利益率=\frac{当期純利益}{自己資本}\times 100\%$$

自己資本利益率は資本主の立場から投下資本の収益力を測定するものである。

4．効率性の分析

企業がいかに効率よく資産を用いて売上や収益をあげたかを分析する。投下資本がいかに有効に活用され、収益を生み出しているか分析するには、次のような指標がある。

売上高の総資産に対する比率である総資産回転率、売上高の固定資産に対する比率である固定資産回転率など。

また運転資本が効率的に回転しているかを調べるには、売掛金の回収期間を示す売上債権回転期間、在庫の保有期間を示す棚卸資産回転期間、仕入債務の支払猶予期間を示す仕入債務回転期間などがある。

5．成長性の分析

企業の過去の数字と比べて、いかに企業が成長したかを示す指標である。売上成長率、総資産成長率、1株当たり純利益成長率などがある。

これらの指標は、単独で判断するのではなく、複数の指標を用いて総合的に企業を判断することが大切である。

第３４章　株主の企業分析

１．ファンダメンタル分析とテクニカル分析

ファンダメンタル分析とは、投資対象の本質に着目する分析手法である。経済学でファンダメンタルズという場合、一国のマクロ経済の現状やパフォーマンスを捉える基礎的指標のことをいう。

具体的には経済成長率、物価上昇率、失業率、経常収支などである。株価変動の主要因をさし、株式の本質的価値を分析するものである。

これに対してテクニカル分析とは、株価チャートを用いて過去の株価変動の動向から将来の株価を予測する手法である。

２．企業分析の用語

本節では株主が行う企業分析の主なものを列挙してみよう。

①EPS（Earnings Per Share　1株あたり純利益）は企業の最終利益を1株あたりに換算したものである。株価とは1株あたりの市場価格に他ならない。ならば、利益も 1 株あたりにして算出すると比較しやすいというわけである。

$$EPS = \frac{\text{普通株式にかかる純利益}}{\text{普通株主の期中平均株式数}} \times 100\%$$

分子は当期純利益から優先配当額などを控除したものであり、分母は優先株などを除いた発行済株式数を用いる。

②PER（Price Earnings Ratio 株価収益率）は株価を上記 EPS（1株あたり純利益）で割って求める。つまり、企業の最終利益に対して、

株価は何倍の評価を得ているかを示す。単位は倍である。

PER が大きければ、利益に対して株価が割高で、小さければ割安であることを示す。

$$PER = \frac{株価}{EPS}$$

③BPS（Book-value Per Share1 株あたり純資産）は、純資産の部の中で、株主資本に起因する部分を発行済株式数で除した数値をさす。もし企業が解散した場合、株主に還元される額である。下記算式で算出され、単位は円である。

$$BPS = \frac{自己資本（純資産ー少数株主持ち分ー新株予約券）}{発行済株式数}$$

④PBR（Price Book-value Ratio 株価純資産倍率）は、株価が BPS の何倍になっているかを示す指標である。単位は倍である。

$$PBR = \frac{株価}{BPS}$$

⑤EBIT（Earnings before Interest and Taxes）とは、税金と支払利息を引く前の利益。

⑥EBITDA（Earnings before Interest, Taxes, Depreciation and Amortization）とは、税引前償却前金融収支前利益と訳され、支払利息、税金、減価償却、無形資産や繰延資産の償却前の利益をさす。

これは国により会計制度、税率、金利水準が異なるのを調整し、投資価値を比較しやすくするために用いられる。

EBITDA= 税引き前利益＋減価償却費＋償却費＋支払利息

⑦EV/ EBITDA倍率とは、EV（Enterprise Value：企業価値）が EBITDA の何倍になっているかを示す指標である。EV は株式の時価総額に有利子負債を加え、現預金を控除した額で、企業を買収する際の必要な金額とも換言できる。

したがって EV/ EBITDA 倍率とは、企業買収において買収金額は、当該企業が稼ぐ現金の何年分にあたるか、つまり何年で買収の元手が回収可能かを示す指標ということになる。

第Ｖ部

保険会社

第３５章　保険の基礎知識

１．保険会社の歴史

保険とは不測の事態に備えるシステムである。社会保険には医療保険、公的年金保険、雇用保険などがある。民間の保険には生命保険や損害保険がある。本書では民間の保険業について述べる。

保険の歴史は海上保険から始まる。中世ヨーロッパで航海が成功すれば手数料を払い、失敗した場合は積み荷の代金を支払う金融機関が登場した。これが保険の始まりとされる。

日本では古来より頼母子講（たのもしこう）や無尽（むじん）のような相互扶助の制度存在していた。日本での損害保険のスタートは朱印船貿易における海難事故に対する抛金（なげかね）から保険制度は始まったと考えられる。

その後、福沢諭吉が『西洋旅案内』の中で生涯請合、火災請合、海上請合として保険業を紹介したのが近代保険業の始まりである。1881年に福沢諭吉門下生が明治生命を創設した。日本初の生命保険会社の誕生である。

２．保険の基本原則

保険料は純保険料と付加保険料から構成される。純保険料は保険金に回される部分で、付加保険料は保険経営に必要な費用や利益など上乗せする部分である。

一般的に保険料のうち純保険料と付加保険料の割合は 7:3 と言われ

ている。
この純保険料をどのように算定するかについて二つの原則がある。
純保険料＝事故発生確率×保険金
保険金は「給付」であり、その対価として支払う純保険料は「反対給付」である。よって、これを給付・反対給付の原則（レクシスの原理）という。これを保険の第一原則という。
個々の事故発生確率に応じた負担を行う契約者平等待遇の原則も含まれている。
総収入保険料＝総支払保険金
という関係を収支相当の原則といい、保険の第二原則である。
平均余命や死亡率などを算出して純保険料を算出するのはアクチュアリーと呼ばれる保険数理の専門家である。

３．生命保険と損害保険の違い

生命保険と損害保険では保険の対象が異なる。生命保険の対象は人であり、被保険者の死亡や将来の年金に備える保険である。
生命保険の契約時に被保険者と受取人が決められる。契約時に決めた保障の対象者が被保険者である。死亡保険金が支払われる契約であれば、被保険者が死亡した場合、定められた受取人に支払われる。
損害保険の対象は物や行為である。自動車の補償の対象は自動車である。自動車の運転に起因した賠償責任なども含まれてくる。火災保険の対象は家屋である。
損害保険の被保険者は車の場合であれば、主に運転する者になる。また家屋の火災保険の場合は家屋の所有者が被保険者になる。

４．保険の分類

保険は対象により 3 つの分野に分かれている。第一分野は損害保険で第二分野は生命保険である。第一分野と第二分野はそれぞれ生命保険会社、損害保険会社のみが取り扱うことができるとされている。
第三分野は生命保険会社、損害保険会社いずれでも取り扱うことができる。たとえば三大疾病保障保険（癌、心筋梗塞、脳卒中）、介護保険、傷害保険、医療保険などである。

これは金融ビッグバンにより第三分野が自由化された成果である。金融ビッグバン以前は、第三分野は事実上一部の生命保険会社のみ取り扱っていたのである。

5．保険業法

保険会社を監督する法律が保険業法であり、1900年に制定され、その後、改正されている。生命保険会社が生命保険を募集する際は生命保険業免許、損害保険会社が損害保険を募集する際は損害保険業免許が必要である。

保険の募集を行う従業員は、それぞれ生命保険募集人、損害保険募集人の登録を行う必要がある。

また保険の募集や販売の際の説明義務、禁止行為、クーリングオフなどを保険業法で定めている。

クーリングオフとは契約者が一定の条件を満たしていれば、書面で契約を解除できる制度をいう。

1996年の改正では、第三分野の自由化、子会社方式による生命保険会社・損害保険会社の相互参入、保険料や商品の自由化、ソルベンシーマージン比率の導入などが行われた。

6．保険法

保険法は2008年に新たに制定された法律である。それまでは商法の中に保険契約に関する規定があった。商法を見直し現状に即したものに変更した。保険法は2010年4月1日から施行された。

主な点は次のようなものがある。

保険金支払までの所要日数を制定し、超過した場合は延滞利息を支払う。

超過保険や重複保険について、保険金額が目的物の価値を超える部分の契約も有効にする。

遺言により生命保険金の受取人を変更することが認められるようになった。

保険法で定められた内容よりも、契約者が不利になる約款は認められない。

7．ANP

ANP（Annualized New Business Premium）とは保険会社の業績を示す指標の一つで、新契約年換算保険料のことである。従来は、死亡補償金額の合計である「契約高」が用いられていた。

しかし、最近は死亡保険の少ない第三分野の保険が主流になりつつあるため ANP が補完的に用いられるようになった。

8．格付評価

保険会社は第三者の格付会社に格付評価を依頼している。格付会社は保険会社の経営状態や信用力を判断して格付するが、 格付の費用は保険会社が負担している。

日本では、信用格付業者の業務の適切な運営を確保し、その機能を適切に発揮させることを目的として、金融庁が信用格付業者を監督している。

9．インシュアテック（InsurTech=Insurance＋Technology）

保険分野における FinTech と言われる。テクノロジーを活用した新たな保険商品の開発や、従来の業務プロセスを大幅に改善するなど、保険業界にイノベーションを起こすことが期待されている。

センサーやウェアラブル端末などのテクノロジーを活用することで、保険料を個々人の健康状況などに合わせて最適化することや、ニッチなニーズに応える保険商品を提供することも可能になるだろう。また保険期間も時間単位など、細かく限定した保障を受けられる商品が開発されることが期待される。

第３６章　保険会社の収益のしくみ

１．生命保険会社の収益のしくみ

生命保険会社の収入で一番割合が多いのは保険料収入である。次に資産運用収益である。費用は保険金等支払金、資産運用費用、責任準備金繰入額などである。

生命保険の収益は三利源と呼ばれている。①死差益、②利差益、③費差益である。これらは生命保険会社にとって基本的な利益源泉であり、基礎利益と呼ばれる。

①死差益

将来の死亡者の数は過去の統計データをもとに男女別、年齢別に予測する。予定死亡率で将来の保険支払に必要な保険料を算定する。見込んだ死者の数よりも実際の死者が少なければ差益が生ずる。

②利差益

予定利率で見込んだ運用収益を上回る収益が得られた場合の差益である。保険会社の資産運用の成果である。

③費差益

予定事業費よりも実際にかかった事業費が低かった場合の差益である。

生命保険会社の資産のうち８割以上が有価証券である。有価証券の運用からも生命保険会社は利益を出している。運用に際しては４割が国債で、安全性、有益性、流動性の原則にもとづいて運用されている。

2．損害保険会社の収益のしくみ

損害保険会社の収益の中心は保険料収入である。有価証券などの資産運用益は収益全体の中の約 1 割程度である。また支出の大部分が保険金の支払である。

損害保険の三利源は、利差益、費差益、危険差益である。危険差益とは、予定損害率によって見込まれた損害額よりも、実際の損害額が少なかった場合に発生する利益をさす。

損害保険会社の収益の一例として東京海上ホールディングス株式会社（2020）の開示された業績データの一部を示そう。同資料 p.23「国内損保：2020 年業績（補正ベース）（東京海上日動火災保険)」によれば、2020 年度補正ベースの主要指標は下記のとおりである。

正味収入保険料	20,050 億円
保険引受利益	910 億円
資産運用等損益	1,532 億円
当期純利益	1,820 億円

保険引受損益とは収入保険料から支払保険金、支払経費を差し引いたものである。資産運用収益とは資産の運用から得られた収益、契約者から預かった保険料や内部留保をもとに運用を行い、収益を得るものである。

損害保険会社の収益は保険引受損益と資産運用損益の合計である。

第３７章　保険会社の経営状態を示す指標

保険会社の経営状態を示す指標には様々なものがある。本章では、その代表的な指標を紹介しよう。

１．ソルベンシーマージン比率

銀行では、その健全性を示す指標として自己資本比率がある。保険会社の場合はソルベンシーマージン比率という。保険会社の保険金支払能力を示す一つの指標である。

$$\text{ソルベンシーマージン比率} = \frac{\text{支払能力の余力}}{\text{リスクの総額} \times 0.5} \times 100\%$$

リスクの総額とは大災害など通常の予測を超える保険リスクや株の大暴落など運用環境の悪化によるリスクなどをさす。この予測不可能なリスクに対する対応力を示す指標である。

支払能力の余力（ソルベンシーマージン）とは資本金、準備金、株式や土地の含み益などをさす。ソルベンシーマージン比率が高いほど支払能力は高いとされる。通常200%以上が安全性の目安とされる。

ソルベンシーマージン比率が200%を下回ると、早期是正措置の対象となる。

２．実質純資産額

ソルベンシーマージン比率のほかに、監督当局が生命保険会社の健全性を判断する指標のひとつとして、実質純資産額がある。厳格に保険会社の資産を測定する手法である。もし、全ての保険契約に保険金を全額支払ったとすると、いくら残るか算定した額が実質純資産額である。

具体的には、有価証券や有形固定資産の含み損益を考慮した時価ベースの資産から負債（価格変動準備金や危険準備金などの資本性の高いものを除く）を差し引いた額をいう。時価が簿価を上回れば、この値は会計上の純資産よりも大きくなる。

実質純資産額がマイナスになると、実質的な債務超過と判断され、業務停止命令等の対象となることがある。

保険会社の規模を考慮して、一般勘定資産に対する実質純資産額の比率を算出したものを実質純資産比率という。

3．基礎利益

基礎利益は、生命保険会社が本業でどれだけの利益を出しているかの収益力を示す指標である。一般企業の営業利益や、銀行の業務純益に近い指標と考えられる。

保険料収入や保険金・事業費支払等の保険関係の収支と、利息及び配当金等収入を中心とした運用関係の収支からなる、生命保険会社の基礎的な期間損益の状況を表す。つまり、上述の三利源のことである。

4．コンバインドレシオ

コンバインドレシオ（合算比率）は損害保険会社の収益力を示す指標である。下記の計算式で算出される。

$$\frac{\text{支払保険金}}{\text{収入保険料}}+\frac{\text{支払事業費}}{\text{収入保険料}}=\text{損害率}+\text{事業費率}=\text{コンバインドレシオ}$$

コンバインドレシオが100％以下であれば、保険料の収入のほうが支出よりも多く、収益が上がっていることを示し、逆に、100％を超えると、収入よりも支出のほうが多く、損失を抱えていることを示す。

【参考文献】

朝倉孝吉・西山千明編、立教大学近代経済学研究機構『日本経済の貨幣的分析 1868-1970』（昭和 49）創文社
石井寛治（2001）『日本経済史』東京大学出版
井手正介・高橋文郎（1993）『企業財務入門』日本経済新聞社
井上幸太郎・高橋大志・池田直史（2020）『ファイナンス』中央経済社
一般社団法人全国信用金庫協会 HP
EY 新日本有限責任監査法人（2020）『ケーススタディ・上場準備実務　三訂版』税務経理協会
依馬安邦（1966、1972）『企業観相術』銀行研修社
依馬安邦（1986）『新企業観相術』銀行研修社
大垣共立銀行（平成 29）「Annual Report2017」
大垣共立銀行（平成 30）「平成 29 年度中間期版ディスクロージャー誌」
大垣共立銀行（平成 30）「第 206 期営業のご報告」6 月 20 日
大阪府商工労働部金融室（2004）金融新戦略検討委員会『中小企業金融新戦略検討報告書』http://www.pref.osaka.jp/kinyu/index.html
大阪府商工労働部金融室（2006）「平成 18 年度大阪府中小企業向け融資制度のご案内」
大阪府商工労働部金融室（2007）「平成 19 年度（上期）大阪府中小企業向け融資制度のご案内」
大野敏男（1987）『財務分析の実践活用法』経済法令研究会
大野敏男（昭和 55）『財務分析のための実践財務諸表の見方』経済法令研究会
大守隆編（2019）『日本経済読本　第 21 版』東洋経済新報社
可児滋（2017）『文系のためのフィンテック大全』金融財政事情研究会
加納正二（1996）「地域金融機関におけるメインバンクシステムの実証分析」『大阪大学経済学』第 46 巻、第 2 号、大阪大学
加納正二（1998）「審査と貸出金利」『国際公共政策研究』第 2 巻、第 1 号、大阪大学
加納正二（2003a）「業種別実効貸出金利にみる京都金利の実態」湯野勉編『京都の地域金融』日本評論社
加納正二（2003b）「京都のメインバンク関係 1980－2000」湯野勉編

『京都の地域金融』日本評論社
加納正二（2018）『地域密着型金融の限界とフィンテック』三恵社
加納正二（2019）『令和の日本経済と企業経営の課題―誰もが主役になり自分らしく生きる時代―』三恵社
加納正二（2019）『江戸の働き方と文化イノベーション』三恵社
加納正二（2020）『日本経済の軌跡と明日―高度成長から令和新時代まで―』三恵社
喬晋建（2014）「アンゾフの企業成長戦略：多角化戦略を中心に」『熊本学園商学論集』18巻、2号
金融ジャーナル『金融マップ　各年版』金融ジャーナル社
金融ジャーナル『金融時事用語集　各年版』金融ジャーナル社
金融庁（2003）「リレーションシップ・バンキングの機能強化に向けて」金融審議会報告書
金融庁（2005）「リレーションシップ・バンキングの機能強化に関するアクションプログラム」
金融庁（2005）「地域密着型金融の機能強化の推進に関するアクションプログラム」
金融庁（2016）「平成28事務年度　金融行政方針」
金融庁（2017）「平成29事務年度　金融行政方針」
金融庁「平成26事務年度　金融モニタリング基本方針」
金融庁HP「都道府県別の中小・地域金融機関情報一覧」
金融庁HP「国際会計基準（IFRS）への対応のあり方についてのこれまでの議論（中間的論点整理）」
國弘員人（昭和51）『新財務分析演習講座』銀行研修社
経済産業省HP「新型コロナウイルス感染症関連」
経済産業省HP「女性活躍に優れた上場企業を選定『なでしこ銘柄』」
小浜裕久・渡辺真知子（1996）『戦後日本経済の50年』日本評論社
阪本安一（昭和53）『経営分析入門』中央経済社
笹倉淳史・水野一郎（2019）『アカウンティング』同文館出版
商工中金HP
首相官邸HP（2019）「第28回未来投資会議」「成長戦略実行計画案」2019年6月5日
白川方明（2010）『現代の金融政策』日本経済新聞社
全国信用組合中央協会HP

高橋亀吉（2011）『日本近代経済形成史』東洋経済新報社
高橋俊樹（1997）『稟議書の書き方・考え方の基本』金融財政事情研究会
高橋俊樹（2006）『融資審査』金融財政事情研究会
田畑康人・岡村国和編（2020）『読みながら考える保険論』八千代出版
中小企業庁 HP「信用補完制度の見直し」
中小企業庁「中小企業・小規模事業者における M&A の現状と課題」
中小企業庁（平成 31）「事業承継・創業政策について」2 月 5 日
中小企業庁編『中小企業白書各年版』
通商産業省編（1976）『新しい経営力指標』
辻正次他編（2019）『新版経済学辞典』中央経済社
東京海上ホールディングス株式会社（2020）HP「決算電話会議資料、2019 年実績及び 2020 年度業績（補正ベース）」2020 年 5 月 20 日
俊野雅司（平成 10）『現代ファイナンス理論最前線』金融財政事情研究会
仁科一彦（平成 10）『現代ファイナンス理論入門』中央経済社
日本銀行 HP
日本経済新聞 2020 年 5 月 20 日付け
日本公認会計士協会 HP
日本政策金融公庫 HP
日本政策投資銀行 HP
日本取引所グループ HP
野中健次編（2019）『Ｍ＆Ａ労務デューディリジエンス標準手順書』日本法令
野中健次・土屋信彦・常盤誠（2020）『ＩＰＯの労務監査と企業実務』中央経済社
浜野潔（2011）『日本経済史 1600－2000』慶應義塾大学出版会
藤野正三郎・寺西重郎（2000）『日本金融の数量分析』東洋経済新報社
堀内昭義・福田慎一（1987）「日本のメインバンクはどのような役割を果たしたか？」『金融研究』第 6 巻、第 3 号、日本銀行金融研究所
毎日新聞社（1993）『エコノミスト創刊 70 周年臨時増刊号　戦後日本経済史』5 月 17 日号
増島雅和・堀天子編（2016）『FinTech の法律』日経 BP 社
水永政志（2006）『入門ベンチャーファイナンス　会社設立・公開・売

却の実践知識』ダイヤモンド社
みずほ銀行 HP、2020 年 8 月 29 日時点
三井住友銀行 HP、2020 年 8 月 29 日時点
三菱 UFJ 銀行 HP、2020 年 8 月 29 日時点
山上聰（2017)『金融デジタルイノベーションの時代』ダイヤモンド社
読売新聞、2020 年 8 月 5 日付け
米澤康博・小西大・芹田敏夫（2004)『新しい企業金融』有斐閣
若杉明・田辺拙（1981)『会計用語小辞典』ビジネス教育出版社
アンゾフ著、中村元一・黒田哲彦訳（1997)『最新・戦略経営：戦略作成・実行の展開とプロセス』産能大学出版部
アンゾフ著、中村元一監訳（1997)『「戦略経営」の実践原理：21 世紀企業の経営バイブル』ダイヤモンド社
Aoki, M.and Patrick, H. [1994]. *The Japanese Main Bank System*, Oxford University Press.
Berger, A. and Udell, G. [1995]. "Relationship Lending and Lines of Credit in Small Firm Finance." *Journal of Business*, vol.68, pp.351-82.
Berger, A. and Udell, G. [1998]. "The Economics of Small Business Finance: The Roles of Private Equity and Debt Markets in the Financial Growth Cycle." *Journal of Banking and Finance*, vol.22, pp.613-73.
Berger, A. and Udell, G. [2001]. "Small Business Credit Availability and Relationship Lending: The Importance of Bank Organizational Structure." *FRB Finance and Economics Discussion Series*, 2001-36.
Berger, A., N. Miller, M. Petersen, M. Rajan and J. Stein. [2004]. "Does Function Follow Organizational Form? Evidence from the Lending Practices of Large and Small Banks." *NBER Working Paper Series*, No.8752.
Boot, A. W. A. [2000]. "Relationship Banking: What Do we know?" *Journal of Financial Intermediation*, vol.9, No.1, pp.7-25.
Hirschman, A. O. [1970]. *Exit, Voice and Loyalty*, Cambridge: Harvard University Press
Hodgman, D. R. [1963]. *Commercial Bank Loan and Investment*

Policy. Bureau of Economic and Business Research, University of Illinois, Urban-Champaign.

Horiuchi,T. [1994]. "The Effect of Firm Status on Banking Relationships and Loan Syndication. In Aoki, M. and Patrick, H.,eds.,*The Japanese Main Bank System*, pp.258-94, Oxford,Oxford University Press.

Horiuchi, T., Packer, F. and Fukuda, S. [1988]. "What Role Has the Main Bank Played in Japan? " *Journal of Japanese and International Economies*, vol.2, pp.159-80.

Kano Masaji and Yoshiro Tsutsui [2003a]. "Geographical Segmentation in Japanese Bank Loan Markets." *Regional Science and Urban Economics*, vol.33, No.2. pp157-174.

Kano Masaji and Yoshiro Tsutsui [2003b]. "Adjusted Interest Rates and Segmentation Hypothesis of Japanese Bank Loan Markets." *Osaka Economic Papers*, June, vol.53, No.1, pp.1-15.

Ongena, S. and Smith, D.C. [2000a]. "Bank relationships: A Review." In Patrick T. Harker and Stavros A.Zenios,eds., *Performance of Financial Institutions*, Cambridge University Press, Cambridge, U.K.

Ongena, S. and Smith, D.C. [2000b]. "What Determines the Number of Bank Relationships? Cross-Country Evidence." *Journal of Financial Intermediation*, vol.9, pp.26-56.

Ongena, S. and Smith, D.C. [2001]. "The Duration of Bank Relationships." *Journal of Financial Economics,* vol.61, pp.449-75.

Sheard, P. [1989]. "The Main Bank System and Corporate Monitoring and Control in Japan." *Journal of Economic Behavior and Organization*, vol.11, No.3, pp.399-422.

Thakor, A. and Udell, G. [1987]. "An Economic Rationale for the Pricing Structure of Bank Loan Commitments." *Journal of Banking and Finance*, vol.11, pp.271-89.

Thakor, A. [2000]. "Editorial Overview: Relationship Banking." *Journal of Financial Intermediation*, vol.9, pp.3-5.

Wood, J. H. [1975]. *Commercial Bank Loan and Investment Behavior*. Wiley, New York.

著者紹介

加納　正二（かのう　まさじ）

大阪大学大学院国際公共政策研究科博士後期課程修了。博士（国際公共政策）。
大阪大学助手、大阪府立大学教授等を経て、
現在、岐阜聖徳学園大学経済情報学部教授。

主要著書

『江戸の働き方と文化イノベーション』三恵社
『日本経済の軌跡と明日―高度成長から令和新時代までー』三恵社
『令和の日本経済と企業経営の課題―誰もが主役になり自分らしく生きる時代―』三恵社
『地域密着型金融の限界とフィンテック』三恵社
『江戸の経済と商人』三恵社
『リレーションシップバンキングと地域金融』日本経済新聞社（共著）
『地域金融と企業の再生』中央経済社（共著）（中小企業研究奨励賞準賞）
『京都の地域金融』日本評論社（共著）
『経済学・経営学・法学へのいざない』大阪公立大学共同出版会（共著）
『新版　経済学辞典』中央経済社（共著）

令和新時代の金融知識

2020年10月1日　　初版発行

著　者　**加納　正二**
表紙デザイン　**加納　博**

定価(本体価格2,360円+税)

発行所　株式会社　三恵社
〒462-0056 愛知県名古屋市北区中丸町2-24-1
TEL 052 (915) 5211
FAX 052 (915) 5019
URL http://www.sankeisha.com

乱丁・落丁の場合はお取替えいたします。
ISBN978-4-86693-305-4 C1033 ¥2360E